越唠叨 越吼叫 你的教育越糟糕

与孩子正向、有效沟通的方法和技巧

李彦芳◎编著

北京理工大学出版社
BEIJING INSTITUTE OF TECHNOLOGY PRESS

图书在版编目（CIP）数据

越唠叨，越吼叫，你的教育越糟糕：与孩子正向、有效沟通的方法和技巧 / 李彦芳编著. — 北京：北京理工大学出版社，2018.5

ISBN 978-7-5682-5424-3

Ⅰ. ①越… Ⅱ. ①李… Ⅲ. ①家庭教育 Ⅳ. ①G78

中国版本图书馆 CIP 数据核字（2018）第 048597 号

出版发行 / 北京理工大学出版社有限责任公司
社　　址 / 北京市海淀区中关村南大街 5 号
邮　　编 / 100081
电　　话 / （010）68914775（总编室）
（010）82562903（教材售后服务热线）
（010）68948351（其他图书服务热线）
网　　址 / http://www.bitpress.com.cn
经　　销 / 全国各地新华书店
印　　刷 / 三河市华骏印务包装有限公司
开　　本 / 710 毫米 ×1000 毫米　1/16
印　　张 / 14
字　　数 / 227 千字
版　　次 / 2018 年 5 月第 1 版　2018 年 5 月第 1 次印刷
定　　价 / 36.00 元

责任编辑 / 姜　艳
闫风华
文案编辑 / 姜　艳
责任校对 / 黄拾三
责任印制 / 李志强

序 言

教育,从跟孩子做朋友开始

很多事实证明,亲子之间保持亲密的关系,是胜过许多其他教育方法的。因为,建立并维护良好的亲子关系,是了解孩子、教育孩子的前提。亲子之间沟通质量高,教育效果就好;沟通质量低,教育效果就差。

沟通是常常被父母所忽略的一种最基本的教育方式,而最基本的往往是最重要的,因此,父母要注重与孩子沟通,只有和孩子保持有效的沟通,各种科学的教育方式才会发挥作用。

从这个层面上来说,良好的亲子沟通胜过任何教育方式。

在沟通过程中,父母要真正接纳自己的孩子,将孩子看成自己的朋友,要用心去聆听孩子的心声,读懂孩子的心灵密码;要学会尊重孩子,保证和孩子沟通顺畅;要学会正确地表扬和批评孩子;还要适时使用非语言教育方式等,这些都是父母和孩子保持良好关系的重要途径。

本书是一本关于亲子关系的著作。书中用生动的"案例"向父母展示了"如何建立优质亲子关系"的精髓理念,并且向父母示范了"建立优质亲子关系"的有效方法。

本书不仅从理论的角度对亲子关系进行了深入的剖析，还对具体的家教个案进行了详细的分解，并附有著名教育专家给出的教子箴言及实施建议，以便多角度地帮助父母学到自己应该具备的理念，从而正确地教育孩子。

同时，本书也是新时代父母和孩子沟通的家教指南。它借鉴了古今中外的典范家教个案和先进实用的理论，对问题进行了深入浅出的讲解，对日常生活中经常发生的亲子沟通误区做了细致的探讨，使父母可以把理论和实际相结合起来。做父母的读者可视自己的具体情况参考使用。

身为父母，最大的人生乐趣莫过于参与孩子的成长，与孩子分享成长过程中的点滴，成为孩子无话不说的好朋友。希望每位父母都可以从本书学到自己所需要的，以良好的亲子关系保持有效的亲子沟通，从而对孩子实施有效的教育。

编　者

2017 年 4 月 1 日

目　录

第一章　面对孩子，父母要弯下腰来——迅速拉近和孩子关系的技巧

父母应该学会和孩子做朋友，不能端起一副高高在上的架子来训斥孩子，应该弯下腰来，跟孩子在同一水平线上做朋友。只有这样，孩子才会对你说出他的心里话、向你倾诉烦恼、跟你分享快乐；家长才能及时掌握孩子的思想动态和真实状况，才能及时正确地引导孩子，保障孩子健康成长。

第二章　听懂孩子的心灵密码，做孩子最好的朋友——倾听孩子心声的技巧

生活中，孩子很多时候都会“不正常”，例如闷闷不乐的时候、大哭大闹的时候、发脾气的时候、不讲道理的时候等。但他们每一个“不正常”的表现背后都有一个正常的理由，就是他们在宣泄自己的负面情绪、在呼唤父母的关注和帮助。所以，当孩子有“不正常”的表现时，父母应当通过倾听，给孩子以最好的关注。

第三章　父母怎样讲，孩子才会听——和孩子沟通的语言技巧

语言交流是我们每个人日常生活的一个重要组成部分。在家庭教育中，父母的说话方式对孩子的健康成长具有举足轻重的作用。父母在与孩子沟通时，如果运用良好的说话技巧，就会起到事半功倍的教育效果。要想做一个合格的家长，那就首先从掌握跟孩子说话的技巧开始吧。

孩子生活在接受和认可之中，才会学会自尊、自爱和爱他人。好孩子是夸出来的。父母轻描淡写的一句夸奖的话、看似简单的一个爱抚的动作、富有深情的一个眼神、不露痕迹的一个暗示都会给孩子留下刻骨铭心的记忆，促使孩子从一个进步走向另一个进步。

批评孩子的方法是否得当将会关系到孩子是否能够健康成长。如果你打算用批评的方式教育孩子，那么应把握批评孩子的基本原则——尊重孩子的人格，并且必须对孩子说清楚你批评他的理由，让孩子知道如何避免再犯相同的错误。

与孩子正确地交流、沟通是家庭教育的一个重要组成部分,在孩子的身心发展过程中起着无比重要的作用。父母要知道,孩子在接受教育时是有选择性的,并非所有正确的、应该实施的教育内容都会为他所接受。孩子只接受自己乐于接受的内容和方式。因此,父母有必要研究怎样同孩子说话。

第七章　让孩子善于说出来——提高孩子沟通素质的技巧

父母都希望自己的孩子善于辞令、能说会道，因为表达能力是当今社会非常重要的一项竞争素质。让孩子喜欢开口、愿意说话，教孩子掌握聆听和表达的技巧，教孩子如何关怀他人、选择朋友等，能够帮助孩子建立和谐的人际关系，奠定未来发展的人脉基础。

第八章　好关系是解决难题的金钥匙——处理孩子特殊问题的沟通技巧

父母与未成年子女之间有效的沟通是家庭教育中非常重要的一个环节，它对孩子性格的形成，品质的培养，意志的磨炼，与人交往模式的建立，都会起到决定性的作用。不仅如此，良好的亲子关系，还是解决孩子一切问题和难题的金钥匙。

第一章

面对孩子，父母要弯下腰来

——迅速拉近和孩子关系的技巧

父母应该学会和孩子做朋友，不能端起一副高高在上的架子来训斥孩子，应该弯下腰来，跟孩子在同一水平线上做朋友。只有这样，孩子才会对你说出他的心里话、向你倾诉烦恼、跟你分享快乐；家长才能及时掌握孩子的思想动态和真实状况，才能及时正确地引导孩子，保障孩子健康成长。

用关爱拉近与孩子之间的距离

教子案例

小军13岁，今年上初二，是个有主见又聪明的孩子。小军的父母对他的期望很高，希望他能考取北大、清华之类的著名学府，将来能有一个好的前程。

于是，在小军三四岁时，父亲就手把手地教他写字、数数、读唐诗等。小军开始上学后，父母只要有空，就陪着他一起学习，不让小军出去玩。

小学的时候，小军很怕父母，现在他长大了，父母对他的要求还是一样。但小军认为学习只是生活的一部分，父母这样要求自己不近情理。看见别的孩子自由地玩耍他很羡慕。

小军和父母的观点出现分歧，再加上父母不善于表达，小军总觉得父母对自己不好，不爱自己。所以，很多事情，他开始与父母对着干，有时甚至很多天都不搭理父母。

一直对小军期望很高的父母看到儿子现在的情形，想到自己一心为了孩子，却不能得到孩子的理解，很是伤心。

个案解析

每个父母，不可否认，对孩子都是疼爱有加，希望孩子将来出类拔萃、出人头地。但因为有的父母所用的方法不对，又加上孩子小，不懂事，对父母的理解不够，不知道父母如何做才算得上对自己好，结果有些孩子可能就会像上例中的小军那样，对父母的爱产生误解，与他们对着干，导致亲子关系越来越疏远。

父母应该经常反省自己的行为，改变教育孩子的方式，让孩子真正感觉到自己深沉的爱。孩子感受到了父母对自己的爱，自然就会改正对父母不正确的认识，这样父母与孩子之间紧张的关系就会随之缓解。

有些父母喜欢把爱隐藏在心中，特别是父亲，对孩子言语不多，交流不够，即便心中对孩子有无限的爱，因为没有表达出来，没有体现到孩子所能感受到的行为上面，孩子就会心生疑惑或不满。

还有些父母对孩子的期望很高，希望孩子各方面都很优秀，不能包容孩子一个细小的缺点和错误，对孩子求全责备，如上例中小军的父母，把成绩看得至高无上，肆意剥夺孩子自由玩乐的时间，还不善于表达自己的关爱，结果孩子认为父母不够爱自己，于是就有意识地与父母作对。

父母的爱，对孩子一生的成长都非常重要。孩子如果从小没能体验到父母深沉的爱，不仅会对父母失去信任与依赖、与父母的关系僵化，还会缺少自信和安全感、产生自卑心理、形成孤僻的性格。而且这些会伴随着孩子的成长，并渗透到孩子的做人处事中，直接影响孩子的人生与前途。

父母爱孩子，要通过有效的途径表达出来，让孩子能够体验和感受到，父母爱的价值才能体现出来。

专家给父母的建议

建议一：用行动表达对孩子的爱

现在的父母很少拥抱孩子，其实，这个举动是表达爱的最好方式，足以包含所有爱的内容。

林费明现在10岁，是个十分活泼开朗的孩子，与父母的关系非常好，与同学们相处得也不错。林费明家有一个独特的惯例，就是每天上学前、放学后，父母都会给他一个热烈的拥抱，这已经成了他们一家人的习惯，一种表达爱的方式。

林费明取得了好成绩，父母也会给他拥抱以示奖励；林费明犯了错误，父母批评了他之后，也要给他一个拥抱，告诉他爸爸妈妈会像以前一样爱他。林费明在父母爱的拥抱下，养成了开朗的性格，也学会了爱别人，并且会用行动表达出自己的爱。

拥抱，虽然只是一个小小的举动，却体现了父母对孩子深沉的爱，同时也能化解与孩子间的很多误会与矛盾。它不仅是父母对孩子爱的表达，同样也是孩子对父母爱的表达。

建议二：尽量多抽时间陪伴孩子

有的父母给孩子丰富的物质条件，以此来表示对孩子的爱。但父母应该明白，再多的钱都不能代替父母对孩子的陪伴，都不能代替父母与孩子在一起时让孩子体验到的爱。

张易慧的父母都是生意人，为了给女儿创造更好的生活条件，他们在外面拼命工作，天天早出晚归，因此张易慧平常很难见到父母的面。

张易慧虽然花钱不愁，但只要她看见别人一家人在一起其乐融融的情景时，就会对父母心生怨恨，认为父母只认识钱，不在乎自己、不爱自己。所以，张易慧与父母的关系一直都很紧张。

张易慧的妈妈注意到了女儿的不满情绪，于是抽空与女儿聊天，了解到女儿渴望父母的陪伴，希望父母能经常与她说说话、看看电视、一起出去玩，于是她决定，每天无论有多忙，都要抽出一定的时间来陪伴孩子。

妈妈说到做到，她和爸爸约定每天轮流抽出一段时间来陪伴孩子。张易慧在父母的陪伴下，感受到了他们对自己的爱，变得快乐了许多。

由此可见，父母无论多忙，都应该抽出一些时间来陪伴孩子，用关爱拉近与孩子之间的距离，陪伴着孩子健康、快乐地成长。

站在孩子的角度看问题

教子案例

幼儿园老师要求小朋友给自己的妈妈画像，绝大部分小朋友都把自己的妈妈画得特别漂亮、特别完整，而有一个小孩子却只画了一条弯弯的线。老师觉得非常奇怪，便把这件事告诉了她的妈妈。

孩子的妈妈也觉得很疑惑，就问女儿原因，可女儿坚持说她看到的妈妈就是这样的。妈妈心里非常不解，认为自己的女儿智力有问题。直到有一天，她蹲下来帮女儿系鞋带的时候，抬头看女儿的样子才恍然大悟。原来每次女儿抬头看妈妈的时候，最容易看到的是她的下巴，所以那一道弯弯的线画的原来是妈妈的下巴。

个案解析

父母只有尊重孩子，以平等的态度对待孩子，与孩子建立起相互信任的关系，做孩子的知心朋友，才能实现和孩子的良好沟通，从而更有效地纠正孩子不听话的行为。

有些父母对孩子总像是上级对下级那样，并强调自己的观点与尊严而不顾及孩子的想法，觉得自己从来都是对的，而孩子从来都是错的。父母这样做，不仅得不到孩子的认同，还容易引起孩子的反感和对抗情绪。

其实，父母和孩子的交往，应该是平等和民主的，而不是独断的。首先，在家庭教育的过程中，父母要尊重孩子。孩子在家庭中扮演的虽然是子女的角色，但与父母一样，他们的尊严也应该受到尊重。而尊重孩子，父母首先要学会站在孩子的角度来看问题。

其实这个孩子画出来的是最真实的，而这个困惑只有当我们真正站在孩子的角度来看时，才能找到答案。

父母与孩子之间的相互信任是良好沟通的前提，因为不信任会使孩子出现抵触和逆反情绪，从而直接导致他做出一些不听话的行为。因此，作为合格的父母，必须要学会站在孩子的角度看问题，要尽最大的努力去获取孩子的信任。

专家给父母的建议

建议一：对孩子永远保持真诚

在与孩子的交往中，父母千万不能虚假，要能客观地意识到自己在想什么、感受什么以及做什么。除了自我意识，真诚还意味着向孩子敞开你的心扉，向孩子表达你的思想和感受。当你的工作没有做好时，你可以对孩子说你很灰心。如果你对孩子很生气，直接对他表露这种感受比用隐讳的方式更好。

建议二：用“孩子世界”的眼光了解和认识孩子

父母应该明白，成人的世界是成人的世界，孩子的世界是孩子的世界，这两个世界是不一样的。如果父母硬要用成人世界的要求来对待孩子，势必会发生许多问题和不愉快。因此，父母应该学会放下自己的成见，试着用“孩子世界”的眼光来了解和认识孩子。

建议三：学会换位思考

站在不同的位置会看到不同的风景，处于不同的立场会产生不同的观念。作为父母，应该学会换位思考的方法和技巧，当孩子遇到问题时，能够迅速从孩子的位置和角度来看待问题、分析问题，才能有效地解决问题。不仅如此，换位思考还是一种了解孩子真实想法、快速拉近和孩子心灵距离的有效方法。

父母和孩子之间不是主人与奴隶的关系，而是一种平等、相互尊重、相互关心和相互信任的友谊关系，要尊重与理解孩子，要能站在孩子的角度看待问题，这样才能赢得孩子的信任与友谊，才能更有效地解决孩子不听话的问题。

对孩子保持温和的态度

教子案例

胡丽的女儿今年读初二，在上小学的时候，女儿基本不用父母操心，成绩一直处于中上等水平，虽然不是很拔尖，但也算不错。胡丽很欣慰，与女儿的关系也十分融洽。

女儿升入初中后，胡丽担心她成绩跟不上，开始对她严加管教，不让她玩，还经常训斥她。胡丽还不顾女儿的反对，给她请了英语家教，每周末都给她辅导英语课。女儿很生气，故意不好好学习，结果不但英语成绩很差，就连其他科目的成绩也开始下降。

不仅如此，女儿的逆反心理也越来越严重，胡丽说东，她偏往西，母女俩总是话不投机半句多，说不了两句就会吵起来，胡丽和丈夫因为孩子的教育问题也经常拌嘴。

那一段时间，胡丽非常痛苦，不知道该怎么办，对孩子说话也越来越尖刻。

有一次，胡丽当着女儿的面说："人家怎么能养出那么好的孩子，每次考试都考那么好，我怎么养了个这么笨的孩子？"

女儿大脑反应特别快，立即回了胡丽一句说："我怎么遇见了这么笨的妈妈，人家妈妈都当厂长，你是干啥的？"胡丽听了，嘴张了张，什么也说不出来。

后来，胡丽仔细反思，孩子的问题到底出在哪里。最后，她找到了原因，是自己出了问题，自己对女儿的态度越来越恶劣、尖刻。

当即，胡丽决定改变自己的态度，对女儿变得温和起来。无论女儿怎么与自己作对，她都用温和的态度对待。

两个月过去了，奇迹出现了，女儿不再和她作对，有什么事情还会主动请教她，也知道关心人了，而且成绩也在逐渐提高。

个案解析

父母对孩子的态度非常重要，不仅会影响孩子智力和能力的发展，而且还会影响孩子行为和道德的发展。

很多父母会认为，他们对孩子的态度是孩子行为的结果，而不是孩子智力和能力较差的原因，他们认为自己对孩子的评价很公正。是父母的态度在先，还是孩子的实践水平在先？这两者的关系远比人们认识的要复杂得多。

父母的态度和孩子的实践水平是互为因果的。父母的态度对孩子的智力和能力有巨大的影响。即使孩子的资质差一些，但如果父母以积极、温和的态度对待孩子，多给孩子以积极的评价，就会帮助孩子建立起信心，使他们更努力地去实践。消极的态度和评价只能使孩子的信心更差，使孩子不敢去尝试、不想去努力，智力和能力也会越来越差。

父母对孩子的态度不仅会影响孩子智力的发展，也会影响孩子其他能力和人格的发展，如孩子的社会适应能力、人际交往能力、自主能力、独立能力等。人的这些能力，需要在童年时代奠定基础，父母对孩子的态度，对孩子这些方面能力的形成有巨大影响。

父母对孩子持有积极温和的态度，就会促进孩子的行为往健康的方向发展。只有在父母温和态度的影响下、在父母的鼓励和帮助下，孩子在这些社会能力方面才能建立起较好的自我评价和自我意识，建立起自信心，很好地发展自己的自主能力、独立能力和其他社会能力，为一生奠定良好的基础。

因此，当你发现孩子成绩下降或者犯错的时候，要注意控制自己的情绪，多从孩子的角度出发，用温和的态度对孩子讲清楚问题的后果，让孩子真正认识自己的错误。

专家给父母的建议

建议一：父母要学会控制自己的情绪，平衡心态

当孩子犯了错误或做出一些令父母难以接受的行为时，有些父母一时过于激动，控制不了自己的情绪，打断甚至不听孩子的解释，就对孩子进行训斥甚至打骂。的确，孩子在父母的大吼大叫下，或许会表现得听话、服从，但这样的方式只会使父母逐渐无法控制局面。

孩子会逐渐变得有错也不对父母说，采取隐瞒、撒谎等方法来逃避父母的斥责、批评，身上的问题也会越来越多。久而久之，孩子有可能也学会了父母粗暴的行为，变得难以控制住自己的情绪。

因此，父母一定要学会控制自己的情绪，如果与孩子的意见起了冲突，千万不要失去控制地大吼大叫，应该冷静地分析一下孩子的意见是否正确。正确的要给予支持，如果是错误的，父母应该在商讨的气氛中，用温和的态度帮助孩子分析错误，切记不要一味地否定孩子的意见。

孩子犯错也是如此，父母要用温和的态度找到孩子错误产生的原因，这样才能真正解决问题。

建议二：要学会对孩子的错误进行“冷处理”

父母打骂孩子，往往是因为自己特别生气，因此孩子犯错时，父母要学会“冷处理”。所谓“冷处理”，就是在自己着急、上火、生气时不要教育孩子，自己先消消气，等心情平静了再教育孩子。

父母生气的同时，孩子也正处于情绪激动的时候，也不适宜接受别人的

教育。所以，应该等孩子平静下来再用温和的态度教育他，这样才能冷静、客观、有效地处理问题。

建议三：不要让自己的坏情绪感染孩子

父母还应该注意自己日常生活中的情绪对孩子的影响。不要经常在孩子面前表现出消极的情绪，那样会使孩子处在一种不和谐的家庭环境中，而受到父母消极情绪影响的孩子，心情也会变得很消极。

总而言之，不管孩子出了什么问题，父母都需要用温和的态度对待孩子，平静地帮助孩子分析错误，解决问题，这样才会收到良好的教育效果。

营造和谐的亲子沟通氛围

教子案例

在赵菲的记忆里，爸爸妈妈经常吵架，常常是因鸡毛蒜皮的小事而起，以动手结束。这对赵菲产生了很坏的影响，赵菲变得沉默寡言，和父母的感情也越来越淡。

最近，父母的吵架升级了，到了要离婚的地步。爸爸已经很长时间没有回家，妈妈常常在家里歇斯底里地抱怨，说自己曾经为他吃了多少苦，还说她和爸爸结婚完全是个错误。

家里的气氛很压抑，赵菲感觉不到家庭的温暖，想到父母要离婚，她就觉得自己将是被遗弃的孩子。后来，赵菲给妈妈留了一封信便离家出走。

父母意识到自己带给孩子的负面影响，为了孩子，他们握手言和。父母将赵菲找了回来，家里又充满了久违的欢笑声。父母之间的关系和谐了，赵菲也变得开朗起来，学习成绩也不断提高。

个案解析

父母是孩子的第一任老师，孩子的成长离不开家庭，和谐的家庭环境是孩子健康成长的沃土。在和谐的家庭氛围中，孩子的智力和情商都会得到积极的开发，自然会取得更加理想的成绩，形成完善的人格，健康地成长。

如果家庭气氛紧张，父母经常吵架、婆媳不和……在这样的家庭中长大的孩子，容易出现不良情绪和行为。

孩子的心智还不成熟，心理承受能力较差，极易受到家庭环境的影响。家庭环境让孩子感到愉快，孩子就会形成积极、乐观、开朗、进取等优良的性格；反之，家庭环境让孩子感到压抑、恐惧，孩子就会形成悲观、懦弱的个性。

孩子大部分时间都是在家里度过，家庭环境、父母的行为会在不知不觉中对他起到潜移默化的影响。为此，父母应该为孩子创设良好的家庭环境，从而促进孩子健康成长。

父母应注意不要将自己在外面的不良情绪带回家，夫妻之间应相互支持和理解，保持良性的关系，还要做到尊老爱幼，为孩子做好榜样，这样家里的氛围才会更加和谐。

良好的生活和心理环境，体现在生活的每一个细节中。父母要想帮助孩子健康快乐地成长，就要为孩子提供相对优越的环境，这里的“优越”不只是丰富的物质条件，更重要的是为孩子创设和谐的沟通环境。

和谐的家庭环境，使孩子和父母关系亲密，孩子就会将自己的问题及时告诉父母，而父母以自己的经验和智慧帮助和引导孩子，不但能够解决孩子的问题，还能使孩子快乐地成长。

家庭是社会的细胞，家庭和谐才会有社会和谐，这是孩子成长最基础的环境。为了家庭的幸福，保证孩子在和谐快乐中成长，父母必须努力为孩子创设和谐的家庭氛围。

专家给父母的建议

建议一：家庭成员关系要融洽

父母要尽力为孩子营造一个和谐的家庭环境。

斯威的爸爸常年在外地工作，教育斯威的任务就落在了妈妈身上。妈妈是个内向的人，很少和孩子说话，家里很多时间都是在静默中度过，妈妈觉得这样下去，对孩子和自己都不好。

于是，妈妈把爷爷奶奶接到家里住，这下家里热闹多了，孩子也乐意和大人沟通了。在融洽的家庭氛围中，斯威的性格也有了很大的改善。

在和谐的环境中生活，孩子才会身心健康，不断进步。

建议二：不要忽略对孩子的陪伴

很多父母以工作忙为由，不愿抽出时间和孩子交流、沟通，而一旦和孩子待在一起，就想抓住有限的时间，对孩子进行说教，这样自然不会有和谐的亲子关系，只会使孩子和父母更加疏远。

张松最近一段时间，学习不用功，成绩下降，在家里对父母也越来越没有礼貌，很少主动和爸爸妈妈说话。无奈之下，妈妈带他去看了心理医生。

心理医生告诉妈妈，问题主要出在孩子的爸爸身上。孩子说，在学校常有同学欺负他，他不知该怎么办。回家后，他很想和爸爸说说，让爸爸给他出出主意，可爸爸总是忙，从没好好陪过他，让他觉得在家里得不到爸爸的关爱，导致他总是闷闷不乐。

爸爸知道后，主动减少了工作量，尽量多和儿子在一起，张松又变得开心快乐起来。

父母应该抽出一定的时间和孩子相处，如和孩子一起玩游戏、带孩子出去走走、给孩子讲故事、辅导孩子的功课等。通过这些方式，孩子和父母的关系会融洽很多。

建议三：善待孩子

善待孩子，要求父母多花时间和精力去了解孩子，观察孩子，学会理解和体谅孩子。

梁启超的女儿梁思庄读大学选专业时征求爸爸的意见。梁启超考虑到现代生物学在当时的中国还是空白，肯定有发展前途，于是写信给她，建议她学这门专业。

出于对父亲意见的尊重，思庄选择了生物学，但生物学教师课讲得不好，没能激发起思庄对生物学的兴趣。梁启超得知后，又写信告诉她，选择学问最好是自己性之所近，这样会事半功倍。后来，思庄改学图书馆学，最终成为一名图书馆专家。

在家庭中建立和谐温馨的家庭氛围，从善待孩子开始。父母要放大孩子的优点，宽容地对待孩子的缺点，赏识自己的孩子，这样孩子才会变得自信、积极进取，成为家庭和社会所需要的人才。

建议四：营造民主平等的家庭氛围

民主平等的家庭气氛，不仅有利于孩子的健康成长，而且还有利于孩子心理和人格的健全。

李爱生活在一个民主平等的家庭，妈妈给了她充分的自由，只要她感兴趣的事情，妈妈都不会反对，还会鼓励和支持她。

这天，妈妈在下班的路上，收到一些培训机构发的传单，上面的学习内容很多，还介绍了具体情况以及孩子参加培训学习后可以达到的效果，妈妈并没有盲目地给女儿报名，而是回家征求她的意见。

李爱自己很喜欢英语，可是口语成绩一直不理想，她就想报个英语口语培训班。这样，妈妈在尊重孩子意愿的基础上，为孩子报了名。有了妈妈的尊重和支持，李爱学得很用功。

父母要将孩子看成与自己平等的一员，让孩子参与到家里的大事中，遇事多听孩子的意见，让孩子获得被尊重和重视的愉悦感，这样既可以增加孩子的责任感，亲子关系也会更融洽。

放下架子，平等地对待孩子

教子案例

郑媛媛读六年级，她与父母相处得不太好，有什么事情也不愿意告诉他们。

有一次期中考试，媛媛没有取得理想的成绩，心情特别沮丧。她知道父母一定会责怪自己，于是回到家后便一个人打开电视来看。妈妈敏锐地觉察到孩子的情绪不正常，她也猜到可能是因为考试不理想。

于是，妈妈走到客厅把电视关了，开始对孩子进行批评教育。面对妈妈的责问，媛媛气愤地说："我就是故意不考好的。"妈妈听了孩子的话更加生气，她质问女儿："你为什么要处处与我们对着干？"

媛媛说："学习是我自己的事情，与你们无关。"她还告诉妈妈："不要在我面前摆架子，未成年人受着法律保护呢。"妈妈听后非常苦恼，其实她只是想了解孩子，以便更好地关心她而已，并无真正责怪她考得不好的意思。

▲ 个案解析

孩子是一个独立的生命个体，他渴望父母的尊重、理解。如果父母能放下自己权威的架子，平等地对待孩子，那么良好的亲子关系自然就会建立起来。

可是，在中国传统思想的影响下，许多父母和孩子之间，是管理与被管理、命令与服从的关系，很少有父母意识到要与孩子建立平等的关系。

在许多父母眼里，孩子就应该像一台机器，让他往东他就应往东，让他往西他就要往西。可孩子不是机器，他们也是一个自由、独立的个体，他们需要得到尊重与理解。父母应该放下管理者与命令者的权威架子，以一种平等的姿态与孩子交流。这样，孩子有什么事情都会迫不及待地想要告诉自己的父母，面临选择时第一个想到的也是参考父母的意见。

父母放下权威的架子，也可以从孩子那里得到理解和尊重，当父母遇到困难、受到委屈时，孩子会安慰你。这样无疑能增进孩子对父母的了解，理解父母为家庭的辛苦付出，从而激励他更加努力地学习。

当父母的给予得到孩子的回报和理解，当孩子明白自己也能为父母、家庭分担一份责任时，良好的亲子关系自然就建立起来了。在孩子刚接触这个世界时，他们就体会到了爱与被爱的滋味，他日后走进社会也会以一种包容、乐观的心态来面对他人，面对生活。

孩子的权利需要得到尊重，他的想法和看法也许幼稚，但是同样需要得到理解。

专家给父母的建议

建议一：抽出时间和孩子相处

许多父母，特别是父亲，常常以工作忙为理由，缺失对孩子的教育。父亲教育孩子有更大的优势，所以，父亲要适当抽出一些时间和孩子相处。

不少父亲认为只要给孩子优越的物质条件就是爱孩子，其实这是错误的想法。孩子更需要来自父亲精神上的鼓励和关心。放下架子，平等对待孩子，让孩子获得情感满足是任何物质都无法替代的。

父母要多抽出时间和孩子相处，并且态度要认真，这样孩子在父母面前才会毫无保留地表现出自己的喜怒哀乐，父母也才能够深入了解孩子的情绪。

建议二：走进孩子的生活

看到这条建议，许多父母心里也许正在犯嘀咕：每天与孩子生活在同一个屋檐下，还要怎么走进孩子的生活呢？事实上，生活在同一个屋檐下也不一定真正走进了孩子的生活，许多父母只关心孩子的学习生活，并没有关心他们的精神生活。

李然今年十岁。因为他是独生子，父母对他疼爱有加，但是他却很反感与父母在一起。

妈妈每天去学校接儿子，第一句话就是问："儿子，今天学得怎么样？"李然听到这句话后，常常是头也不回地向前走。有一次，妈妈对儿子冷漠的态度非常生气，她质问儿子："我这样关心你、爱你，为什么你却这样冷漠？"没想到李然却说："你了解我吗？除了我的学习，你还关心过我什么？你觉得我过得开心吗？"

父母不应该过于关注孩子的学习，而要更关心孩子的精神生活，例如，接到孩子后问问孩子在学校过得开不开心，不要每天见了面就询问孩子的学习成绩。

建议三：陪孩子一起游戏

父母与孩子是两代人，由于成长的环境不相同，自然会存在许多认识上的差异，这也是造成亲子沟通障碍的原因之一。父母应该主动参与孩子的游戏，了解他们感兴趣的事物。

平时孩子在玩游戏时，父母要放下架子，主动参与进去，这样不仅可以了解孩子的喜好，更能增进亲子感情。父母与孩子一起游戏，也可以使父母紧张的神经获得放松，缩小两代人之间的认识差异。

建议四：倾听孩子的心声

每个人有委屈的时候，都希望有地方诉说。父母如果平时没有架子，对孩子平等，那么孩子在有心事时首先想到的就是向父母诉说。

父母要学会倾听孩子的心声。例如，当孩子在学校遇到不开心的事情，向父母倾诉的时候，父母应该做一个认真的倾听者，孩子情绪激动失控时不要对他们过激的言论评头论足，而应该让他们尽情地发泄，事后再对他们进行指导。

建议五：多鼓励孩子

当孩子遇到挫折的时候，比如考试失利、某次竞赛失败等，父母应该鼓励孩子，让他鼓足勇气，把眼光放得更远一些，越过眼前的每一次失败，重新扬起风帆，继续努力。

保持信任，做孩子的朋友

教子案例

张琦是个内向的孩子，父母离婚后，她一直和爸爸在一起生活。最近，张琦在学校里遇到了些麻烦事，班上一个男生喜欢她，还给她写了封情书。张琦不知道怎么办，又不敢和爸爸讲，只好把所有的事情都写进了日记。

爸爸最近发现了张琦的情绪变化，就有意识地增加了和女儿相处的时间，主动关心她的学习，问她平时的交友情况。张琦觉得爸爸和自己的距离一下子就拉近了，他就像是自己的朋友一样。于是，张琦主动将男生给自己写信的事告诉了爸爸。爸爸教育她说："要尊重别人对自己的欣赏，但是现在你们是努力学习知识的时候，同学之间应该保持纯洁的友情。"张琦在爸爸的开导下变得开朗多了。

个案解析

传统教育文化中的很多教子观在影响着当代父母的教育思想和行为，他们认为自己的地位是崇高和权威的，孩子是自己的，所以就应该按照自己的思想塑造孩子，因而忽略了孩子的喜好，教育方式上也经常采用非打即骂、训斥、发号施令等。

其实，很多孩子都喜欢将父母看做是自己人生中的第一位老师、学习上的榜样、情感上的朋友，他们会认为父母的关爱是推动自己进步的动力。

所以，父母要放下架子，和孩子之间保持一种信任的关系，做孩子的朋友，不让孩子产生父母高高在上的感觉，这样孩子会对父母更加尊敬，更加亲近，也会主动和父母说说心事，家庭教育也会取得好的效果。

一位教育学家说过，做孩子朋友的真正含义是要以平等的、孩子乐于接受的方式贯彻自己的教育思想，说服孩子不做违规的事情。

因此，父母要做孩子的朋友，深入了解孩子的情绪发展、生活和学习中的困惑，以自己的人生经验对孩子的成长做出科学的指导。

做孩子的朋友，还需要父母不断学习新知识，不断接受新的观念，尽量多接触流行的事物，做到和孩子有共同的话题，真正和孩子建立起相互信任、平等的关系。

父母要信任孩子，做孩子的朋友，只有这样才能激发孩子的潜能，帮助孩子获得更大的成功。孩子会在父母的信任和理解下，努力实现自己的梦想。

专家给父母的建议

建议一：把孩子当成朋友

朋友是冬天里的火炉，夏天里的凉风，任何人都需要友谊的关爱。父母是孩子第一个接触的人，更应该把孩子当成自己的朋友，给他们平等、自由和尊重。

12 岁的乐阳是个六年级的孩子，他乐观开朗，喜欢帮助别人，在班里与同学相处融洽，学习成绩也非常好。

这一切都与乐阳父母的用心教育有关。乐阳的父母总是把孩子当成朋友一样对待，有什么事情都与孩子商量，从来不强行命令和干涉孩子的生活。当亲子之间发生矛盾时，他们都坚持以理服人，绝不以家长的权威来压制孩子。

父母要信任孩子，把孩子当成朋友来对待，例如，父母与孩子对同一件事情的看法或者处理方式发生矛盾时，应该坚持以理服人，而不要以父母的权威来压制孩子。

建议二:真正地理解孩子

一些父母为人严肃，不善言谈，这样无形中会扩大和孩子之间的距离。他们觉得父母不理解自己，和他们做不了朋友。

因此，父母要设身处地地理解孩子，多站在孩子的角度考虑问题。了解孩子的成长规律，不要以成人的眼光看待孩子，用心体会孩子眼中的一切，这样才能正确地引导孩子，做孩子的好朋友。

建议三:将孩子看做独立的个体

父母要把孩子当成独立的个体，允许孩子自己做出决定，这是和孩子做朋友的基础。父母要放下高高在上的优越感和权威意识，放弃专制的管教方法，心平气和地和孩子交流，采用恰当的方式教育孩子，这样才会取得理想的教育效果。

周日，爸爸说好了要带郁郁出去玩。可是在家里郁郁就从心里开始“反对”爸爸了。爸爸要求她穿的衣服，她一点也不喜欢，可是爸爸却以要拍照为由让她换上了那件衣服。

出门后，郁郁说想去动物园看河马，爸爸却说那里离家太远，硬是带着郁郁去了游乐园。郁郁要坐过山车，爸爸又说她年纪太小了不能玩。为此，郁郁一整天都闷闷不乐，她对爸爸的印象也改变了，和爸爸的距离一下子就拉远了。

父母要想跨越和孩子之间的“鸿沟”，就必须和孩子交朋友，了解孩子的内心世界，成为孩子的良师益友，促使亲子关系更融洽。

建议四：增加和孩子的情感交流

孩子的情感是丰富而敏感的，父母要想和孩子做朋友，尤其要重视和孩子情感上的交流和沟通。父母要做到真诚地和孩子沟通，就要多和孩子接触，通过谈话、游戏的方式增加和孩子之间的交流。

严舒的父母离婚了，严舒跟着爸爸生活。父母离婚后，严舒像变了个人似的，整天无精打采，她的成绩本来就不理想，现在就更差了。爸爸每天忙着工作，没有注意到孩子的情绪变化。严舒体会不到家庭的温暖和父母对自己心灵上的呵护，久而久之得了抑郁症。

爸爸这才认识到自己教育的失误，于是主动减少了工作量，还请假一周带孩子出去旅游。严舒将自己心里的感受告诉了爸爸，爸爸向她解释了很多问题，听了爸爸的话，她心里突然豁然开朗，还体会到了爸爸的不易。

父母要留意孩子的情绪变化，用爱去化解孩子的疑惑，稳定孩子的情绪，帮助孩子健康成长，也有利于父母和孩子之间建立起和谐的朋友关系。

建议五：对孩子要宽严相济

父母要做孩子的朋友，但是也不能对孩子的要求过于宽松，否则孩子就会肆无忌惮。生活中该对孩子严格的要严格，随时发现孩子的问题，及时给予他正确的指导，这样既教育了孩子，又可以和孩子保持平等的地位。

秦乐是个性格活泼开朗的孩子，和爸爸关系很好，有时候连妈妈都会羡慕他们的关系。可是最近秦乐因为迷上了电脑，学习成绩有所下降。

爸爸并没有因为和儿子关系好而姑息迁就他，而是严肃地批评了他，然后语重心长地和他进行了朋友似的交谈。秦乐意识到了自己的错误，决心减少上网的时间。

父母要允许孩子犯错误，但必须要和孩子一起分析事情的前因后果，指出孩子犯错的原因和后果，然后帮助孩子改正。父母要对孩子宽严并施，引导孩子辩证地看待自己的错误，从而树立正确的人生观和价值观，学会为人处世之道。

主动向孩子敞开心扉

教子案例

罗军最近下岗了，出于怕家人担忧和碍于面子，他没有跟家里人提起这件事。但是他也不能总待在家里，所以只好到了上班的时间就走出家门，在外面东游西转，然后估计时间差不多了，就回到家里。

有一天他刚到回家，女儿甜甜悄悄地跑到罗军的房间里，对他说："爸爸，我觉得你不开心，你是不是不上班了？"罗军愕然：甜甜不过才5岁，怎么会这样问自己呢？他脑袋里飞快转了一下，随口说了句："没有的事，你不是见到爸爸每天早上按时出门，晚上又按时回家吃饭了吗？"

甜甜满腹狐疑地走开了。几天后，罗军发现，似乎甜甜不太愿意跟自己说话了。他心里很纳闷。后来罗军从邻居口中得知，前几天甜甜所在的幼儿园组织孩子们到公园里游玩，凑巧，那天他也在公园里闲转，被甜甜看到好几次了。甜甜跟邻居说，他爸爸骗她，她再也不理爸爸了。

知道了甜甜的"心事"后，罗军很苦恼。

个案解析

家庭教育专家指出，父母只有向孩子敞开自己的心扉，才能得到孩子的认同，从而促进亲子关系的发展。但中国的父母一般很少向孩子透露自己的内心世界，却希望孩子向自己袒露他的一切。这种不平等的关系往往成为亲子沟通的一道屏障。

事实上，父母向孩子敞开心扉，是对孩子尊重和信赖的一种表现。世上没有完美无缺的人。在孩子面前，父母以一种轻松的方式接受自己的不完美，承认自己的错误，不仅让孩子觉得父母更亲近，还会加深彼此之间的感情，而且能把一种坦然、放松的处世态度传达给孩子。

当孩子问父母“你为什么不高兴，是不是工作上有了麻烦”的时候，父母就应该认真地考虑一下，是否应该与孩子谈一谈，谈多少，怎么谈。如果搪塞地说“没什么，很好”或“不关你的事，去玩你的吧”，那就等于是把孩子对父母的关心推开，主动向孩子关闭了沟通的渠道。

罗军的过失给女儿造成了不小的“伤害”。其实这件事是完全可以避免的。如果罗军向女儿敞开自己的心扉，亲子沟通畅通的话，一切都会迎刃而解。

在父母与孩子之间建立良好的亲子关系，对孩子施加科学的教育时，沟通是重要的、不可或缺的环节。而建立良好的亲子沟通关系，父母光是让孩子向自己敞开心扉是不行的，自己也需要向孩子敞开心扉。

专家给父母的建议

建议一：跟孩子分享你的喜怒哀乐

一位哲人说得好：快乐让别人来分享，就多一份快乐，把忧伤告诉给愿意为你分担的人，就少一半忧伤。父母和孩子之间的关系是世界上最亲密的关系，也是应该一起分享彼此喜怒哀乐的关系。

如果父母向孩子敞开自己的心扉，跟孩子分享自己的喜怒哀乐，那么孩子就会感觉到父母对他的信任和尊重，孩子就会更加尊敬父母，并且也会向父母敞开他的心扉。

不过，向孩子敞开心扉，可能会有很多令父母不高兴或失望的事情，父母必须很好地控制自己的情绪。比如，尽管父母告诉孩子当年自己如何地发奋读书，但孩子并不会对父母的努力表示赞赏，父母可能会很失望，但无论如何，父母不能让这种情绪表现出来。

孩子都不喜欢让父母失望，如果父母过分表现出失望，就会给孩子的心灵造成不良的影响。

建议二：让孩子了解你的工作状况

父母应该明确地告诉孩子：我现在做什么工作，我的工作细节有什么，它对整个社会、国家甚至人类有什么意义等。现在许多年轻父母的确都很忙，但花点时间陪陪孩子，和孩子说说自己的工作细节，谈谈工作的酸甜苦辣，聊聊成功的幸福体验，对孩子是十分有意义。

很多父母埋怨现在的孩子不知道节约、自私、花钱大手大脚等，但是如果孩子不知道父母是如何靠辛勤工作给家里挣钱，那么他们就不会把金钱与工作紧密地联系起来。孩子们到了上小学的年龄，父母就可以把自己如何靠努力工作来谋生，如何创造属于自己的事业等讲给孩子们听。

建议三：告诉孩子你的隐私或秘密

很多父母都认为，孩子太小，很多事情不能告诉他们，尤其是自己的隐私或秘密，若让孩子知道了，会是一件很丢面子的事情。其实不然，如果孩子知道他是跟你共享隐私或秘密的人，他就会更加信任你，你也就能更加容易地走进孩子的心灵。

不过，和孩子谈这样的话要抓住时机。“孩子，让我们来谈谈！”如果你的谈话是这样开始的，结果往往是说话的只有你一个人。然而，当孩子犯错的时候，你悄悄地跟他说：“儿子，告诉你一个小秘密，我像你这么大的时候，也犯过这种错误，但我后来改正了。我是这么做的……”以这样的方式开始谈话，往往会让孩子对自己的过错释然，也很乐意去改正错误。

建议四：让孩子明白你对他的期望

父母对孩子的期望不能过高，过高了会对孩子造成压力和伤害。应该从孩子的实际情况出发，对孩子确立合理的期望值。但是，这种合理的期待最好也能让孩子明白父母对他的具体期待是什么。

父母如果能够做到这些，那么孩子一定也会从父母的期待中汲取前进的力量，一定会努力成为一个不让父母失望的好孩子。

总之，父母与孩子沟通一定要讲究艺术，只有敞开自己的心扉，才能引起孩子感情上的共鸣，从而与孩子建立起一种相互信任的关系，使亲子关系融洽。

百分之百地接受孩子

教子案例

一位中国妈妈为某外国家庭带一个孩子。这个孩子经常把手指放进嘴里吮吸，中国妈妈每次看见后都会把孩子的手从嘴里拿出来，这次又因为这件事把孩子弄哭了。

中国妈妈的做法让外国妈妈很纳闷：孩子自己玩又没有打扰到她，为什么经常这样干扰孩子？中国妈妈解释说："手上有细菌，这样做是不卫生的。"外国妈妈说："常给孩子洗手，就是为了消灭细菌啊。"

外国妈妈强调说，孩子吮吸手指是一种常见现象，很多人小时候都有这种经历。一般是在孩子表现得高度紧张的情况下容易出现，也有遗传的可能。所以，纠正孩子吸吮手指的毛病，可采用心理方法和行为矫正法，以耐心说服和鼓励为主，平时多给孩子心理上的关注，消除造成孩子紧张的因素。

个案解析

"人无完人，金无足赤"，许多父母望子成龙心切，在教育孩子时，往往忘记这一定律，对孩子求全责备，结果给自己和孩子都带来了很大的压力，使孩子身心都难以健康发展。

过分苛刻孩子，是很多父母常犯的错误。他们时刻盯着孩子，当孩子做得不好时，就会急于去纠正，直到孩子完全正确才肯罢休。这会让孩子感到厌倦，也容易激发孩子的逆反心理，因此是一种错误的教育方法。父母应该多关注孩子表现出色的方面，不断给孩子鼓励，让孩子在良好的情感体验中改正自己不足的地方，获得更好的发展。

孩子本身面临着很大的学习压力，父母如果再给孩子施压，就会阻碍孩子智力的正常发挥，不利于其进步和成功。面对孩子的缺点和缺陷，父母不能嘲笑和挖苦，要宽容孩子的缺点，安慰和鼓励孩子，帮助孩子树立信心，克服自己的缺点，获得更大的发展，这才是正确的教育观念。

当然，宽容孩子，并不是要求父母对孩子一味纵容。对于孩子的错误，应该批评的还是要批评，不过要注意批评的艺术和技巧。对孩子少一些苛刻，多一些宽容，是每个父母的明智选择。

专家给父母的建议

建议一：学会赏识孩子

每位父母都希望自己的孩子优秀，十全十美，发现孩子的缺陷或是弱点时，就会产生厌恶的情绪。

龙龙有个弟弟。弟弟很聪明，每次考试成绩都很好，但是龙龙的成绩却不理想，妈妈非但没有给予龙龙更多的鼓励，反而经常讽刺、挖苦他，经常训斥他是个笨蛋，这使得龙龙本来自卑的心更加痛苦。

这样的话听久了，龙龙对自己也越来越不自信，觉得自己的存在是多余的，是妈妈的痛苦。于是在一个深夜，他跳楼自杀了。

父母对孩子的指责、讽刺和挖苦，会给孩子的心灵造成很大的伤害。而自身存在缺陷或是表现得不够出色的孩子，心理本来就很脆弱，他们更希望得到父母的鼓励。父母要意识到这一点，接纳自己的孩子，赏识孩子的能力和特质，才能帮助孩子取得成功。

建议二：不盲目将孩子和他人比较

生活、学习中，孩子总会犯这样那样的错误，而不少父母不能理解孩子的这些缺点和错误，总是喜欢拿着放大镜，拿别的孩子的优点来和自己孩子的缺点比较，这自然会伤害到孩子的自尊心。

父母盲目地将自己的孩子和他人比较，容易使孩子产生父母不爱自己的想法，更易让孩子丧失自信，孩子的逆反、自暴自弃的情绪就容易产生。父母要慎用“比较”，不苛求孩子，让孩子顺其自然地发展。

建议三：以平常心对待自己的孩子

不论自己的孩子是优秀还是平庸，父母都应该用平常心来对待他们。把自己的孩子当成普通人去对待，才能从内心去赏识孩子的优点，用宽容的心接受孩子的缺点。有这样一个被人们广为说道的故事：

杜鲁门当选为总统之后，有位记者前去采访他的妈妈。记者对他的妈妈说有杜鲁门这样的儿子，真是件值得自豪的事情。杜鲁门的妈妈回答说："是这样的。可是我还有一个儿子，他是一位农夫，现在在地里挖土豆，他一样使我自豪。"

在杜鲁门的妈妈看来，每个孩子都是优秀的，都是无可替代的。杜鲁门的妈妈没有认为儿子是农夫就是无能的，在她的心里，每个儿子都是值得骄傲的。

父母要放大孩子的闪光点，缩小孩子的缺点，以宽容的心态来对待自己的孩子。要善于发现孩子的优点，相信自己的孩子是最棒的，让孩子在父母的宽容中，发挥自己的长处，弥补自己的不足。

建议四：容许孩子犯错误

很多父母要求自己的孩子必须优秀，必须十全十美，但这是不现实的。每个人都会犯错误，都会出现各种问题。父母要允许孩子犯错误，以宽容的眼光来看待孩子的错误，帮助孩子分析犯错误的原因，指出孩子需要改进的地方，引导孩子不断地充实和完善自己。

对于孩子，宽容是最好的说教。父母要意识到，正确的东西都是在错误的积累中得以形成的。所以，父母要允许自己的孩子犯错误，不苛求孩子十全十美。

第二章

听懂孩子的心灵密码，做孩子最好的朋友

——倾听孩子心声的技巧

生活中，孩子很多时候都会“不正常”，例如闷闷不乐的时候、大哭大闹的时候、发脾气的时候、不讲道理的时候等，但他们每一个“不正常”的表现背后都有一个正常的理由，就是他们在宣泄自己的负面情绪，在呼唤父母的关注和帮助。所以，当孩子有“不正常”的表现时，父母应当通过倾听，给孩子以最好的关注。

做孩子的听众，父母要耐心十足

教子案例

一位母亲在生了孩子后，为了全身心地投入工作，把不到四岁的儿子送进幼儿园全托，每周只接一次。孩子从幼儿园回来，总是对妈妈说："妈妈，咱们谈谈话。"有一次，儿子竟然哭着向妈妈请求说："妈妈，我知道你很忙，没时间在家陪我。你能不能把我转到每天都能回家的幼儿园？"孩子的请求虽不过分，但由于父母常常出差，没有时间照顾他，所以没能满足孩子的请求。

每个周末回家，孩子总是饶有兴致地给妈妈讲幼儿园里发生的事，可遗憾的是，每次孩子和妈妈讲话时，妈妈总是一副很忙碌的样子，眼睛左顾右盼，手里还不停地翻动着书报或者忙其他的事情，总是心不在焉，完全不像一个倾听者的样子。

没想到，妈妈的"忙碌"给孩子的语言表达带来了障碍。由于儿子是个思维能力很强的孩子，为了尽量不耽误妈妈的工作，在有限的时间里把话说完，他就讲得很快，慢慢地变得讲起话来结结巴巴。

个案解析

倾听是爱的细雨，可以滋润孩子的心田；倾听是呵护的沃土，可以孕育孩子健康光明的人格；倾听是无声的音乐，可以助孩子在人生的舞台上跳出华彩的舞步。

有些父母通常认为沟通的元素主要是"说"，其所呈现的态度也主要是"我说，你听"。其实，"说"只是沟通中并不重要的一环，真正重要的沟通元素是"听"。

倾听是沟通的前提。只有倾听孩子的倾诉，知道孩子在想什么，才能有针对性地给予孩子关心和帮助，也会使以后的亲子沟通变得更容易。孩子诉说高兴的事，父母应表示共鸣；孩子诉说难过的事，父母应让他尽情地宣泄，并表示同情；当孩子诉说父母不感兴趣的话题时，父母应表现出足够的耐心，并使用“嗯”“噢”“是吗”等词语，表示在认真地倾听，鼓励孩子继续说下去。

这样，不仅使孩子更乐意倾诉，也可以提高他的语言表达能力。倾听可以充分起到心理暗示的作用。父母认真倾听孩子说话，是在表示对孩子的尊重、关心。这同时也可以促进孩子去认识自己和自己的能力。

孩子都渴望得到他人，特别是生活中的重要人物如父母、老师等的爱护与肯定。孩子有强烈的向成人表达内心情感的渴求。此时孩子所需要的是有人倾听他们的诉说，理解他们内心的感受，而父母采取的最好方式就是倾听，而且是反应式的倾听，即给予孩子及时的反馈和理解。

父母在倾听孩子说话的时候，一定要肯花时间、有耐性，做个忠实的听众，用心去听孩子的心声，用心走进孩子的世界。

专家给父母的建议

建议一：为孩子提供表达自我感受的机会

沟通从倾听开始，倾听以尊重孩子为前提。

盈盈是个优秀的孩子，她有一个幸福的家庭。妈妈是个医生，每天工作繁忙，照顾女儿的责任主要落在爸爸身上。爸爸是个细心的人，每天盈盈放学回家，吃完饭，写完作业，父女俩都会有雷打不动的一小时谈话时间。

在这一个小时的时间里，盈盈告诉爸爸学校里的各种事情，如老师的脾气个性、同学的趣事、学校的活动、学习上的喜悦和烦恼、还有自己心里的各种情绪体验等，在这个过程中，爸爸主要做一个忠诚的听众，与盈盈一起感受与经历。

若是盈盈有什么问题想得到解决的办法，爸爸也不会马上说应该怎么办，而是与盈盈一起讨论、商量，引导盈盈自己想出办法。这每天宝贵的一小时，从盈盈上幼儿园开始一直到中学，从不间断，伴随着她度过了宝贵的成长阶段，也营造了和谐的亲子关系。

父母倾听孩子说话时，应停下手中的工作，做一个全神贯注的倾听者。如果父母平时工作较忙，则应与孩子约定一个特定的时间，如某个晚上或周末，在这个时间段，父母所做的唯一事情就是倾听孩子说话，与孩子做诚挚的交流，让孩子感受到父母的尊重和爱，这样才能取得最好的效果。

建议二：倾听时以非语言信息传递对孩子的爱

要成为一个有效的倾听者，父母在适时地给予孩子语言倾诉机会的同时，也要善于用非语言信息，如肢体及表情，表示对孩子的关注。

婷婷特别愿意与妈妈谈话。因为妈妈每次与婷婷说话时，都让她靠近自己坐下，握着她的手，以关切的眼神，前倾的姿势，微笑的表情，鼓励她完整地说出事情的经过，而绝不随意打断她的话题。在婷婷伤心落泪时，妈妈便递过手绢或纸巾，然后把婷婷轻轻搂在怀里，抚摸她的头发，或拍拍她的后背。这时，婷婷便感到无限温暖，所有的烦恼都消融。

倾听时，父母要认真注视着孩子的眼睛，仔细听孩子说话，同时关注孩子的表情，向孩子传递“我正在听”的信息。必要时，抚摸、拥抱等身体接触，更能让孩子体会到父母对自己深切的爱，从而使孩子更主动、更自信、更流利地表达自己的内心感受。

倾听时，父母千万不可以到处走动、边做事边听或背对着孩子，这些行为会令孩子认为父母不关心自己，对自己所说的一切都没有兴趣。

建议三：引导孩子理清诉说的思路

泡泡放学回来一脸苦相：“妈妈，我讨厌上学，因为全班的同学都欺负我。”“全班同学都欺负你？”妈妈吃惊地重复道。“对啊！我跟小尤借橡皮擦，她都不肯借我。”“哦……”“李强和我赛跑输了，他就说我偷偷提前跑。其实我根本没有提前跑。”“嗯，还有吗？”“老师叫我登记成绩，他们就说我是马屁精。”妈妈冷静地问：“这些事都是什么时候发生的？”“今天……”

“嗯，孩子，你要知道，跟同学有点摩擦，是很正常的事情。你的心细，有时候过于敏感，加上事情集中到一块，你就感到压力了。你想想，真的是全班的同学都欺侮你吗？”泡泡不好意思地说：“其实……也没有……不是全班……”“那有一半的同学在欺侮你？”妈妈说。“哪有？这次班上全数通过，我当选为模范生了呢！”笑容又浮现在泡泡脸上。

妈妈接着说：“祝贺你！”泡泡说：“其实就只那几个人啦！因为他们嫉妒我的功课比他们好！可是……也还好啦！上次他们还请我吃冰淇淋呢。有一次我脚痛，李强还帮我买午餐呢！”“是啊，孩子，以后看问题要分清主次，不要把不好的情绪无限扩大。对同学要多理解，多交流。你就会每天过得很快乐。”泡泡由衷地点头。

了解孩子话中隐含的意义，体会孩子的内在感受，帮助孩子理清思路，从较合理的角度来认识自己的感受，看清问题的真相，并找出解决问题的办法，这是优秀的父母所应做到的。

建议四：用爱的耳朵倾听孩子的心声

父母要用爱的耳朵去倾听孩子的心声，才能完整地理解孩子的真实想法。

陈方有段时间上学总迟到，老师为此找他的母亲谈话。母亲知道后，并没有打骂儿子，而是在临睡前问他：“你告诉妈妈，为什么你那么早出去，上学却总迟到？”

陈方先是愣了愣，见母亲没有责怪他的意思，就说：“我在河边看日出，太美了！看着看着，就忘了时间。”母亲听后笑了。

第二天，陈方发现书桌上放着一块精致的电子表，下面压着一张纸条：“因为日出太美了，所以我们更要珍惜时间和学习的机会。你说是吗？爱你的妈妈。”从此，陈方再也没有迟到过。

从爱与尊重出发，给孩子更多的宽容。心平气和地倾听孩子的诉说，弄清楚事情的原因，然后再对症下药，有的放矢地引导和教育孩子，并给孩子适当的赏识和信任。如果父母仅凭个人主观情绪，对孩子妄下结论，就会使倾听和沟通失去意义。

放低姿态，蹲下来听孩子说话

教子案例

《成长的烦恼》是美国一部以家庭教育为题材的经久不衰的电视佳作。主人公是杰森夫妇和他们的三个孩子，女儿卡罗尔，两个儿子迈克和本恩。杰森夫妇很民主，他们从来没有在孩子面前摆过家长的架子，而是把孩子当做自己的朋友，总是以平等的态度对待孩子们。

在卡罗尔可以跳级升学时，杰森夫妇没有盲目高兴，而是像朋友一样和女儿一起讨论这个问题，认真倾听女儿的看法，引导孩子自己做决定。

大儿子迈克是个调皮的孩子，经常会搞破坏、惹麻烦，很让杰森夫妇操心，但是杰森夫妇并没有打骂过他，而是引导他说出其行为的原因，并给他改过自新的机会。小儿子本恩总会有一些新奇的想法，而杰森夫妇总是让他很愿意说出自己的想法并帮助他最终实践。

在杰森夫妇的教育下，三个孩子快乐地成长着。

个案解析

要想让孩子成为适应社会、受人欢迎的人，父母要放下架子，把孩子当做朋友来对待。和孩子一起探讨问题，在孩子面前敢于承认自己的错误，真诚地理解和原谅孩子的错误，使孩子的生活充满欢乐。

家庭教育中如果缺乏平等的意识，孩子容易形成自卑、自私、懦弱、缺少主见等不良情绪。这对孩子的身心发展是不利的。

很多父母喜欢站在自己的角度上思考问题，认为自己是家长，具有绝对的权威，其实这样的做法不仅不会取得理想的教育效果，孩子还会产生逆反心理，造成亲子关系的隔阂。

对于父母来说，蹲下来和孩子说话，不仅是一种教育的方式，更是一种正确的教子理念。父母如果将自己的思考模式和行为方式强行纳入孩子的价值体系，就会使孩子产生沉重的心理负担。每个孩子都有获得尊重和理解的权利，蹲下来和孩子说话，只是父母简单的一个动作，可是孩子会理解为父母对自己的尊重，对自己价值的认可。

成功的父母，要给予孩子更多的关爱、宽容和尊重，而不是一味地要求孩子听从自己的意愿。父母要学会蹲下来和孩子交流，允许孩子拥有自己的思想和朋友。这样，孩子必定也会懂得尊重他人，进而拥有良好的人际关系。

专家给父母的建议

建议一：摆脱固有教子观的束缚

很多父母受封建教子观念的束缚，觉得孩子是自己生养的，他们就应该听自己的话。父母把孩子作为自己的私有财产，一旦孩子没有按照自己的意愿做事，他们就会站在成人的立场，摆出权威的架子，对孩子的行为横加指责。

李东的妈妈一直很强势，尤其是对待李东的学习。李东明年升高中，学习成绩却不怎么好，妈妈听说如果报个特长班，升高中就容易些，她没有咨询李东的意见，就擅自为他报了美术班。

回家后，妈妈把这件事情告诉了李东，李东说自己不喜欢画画，觉得自己可以通过文化课考上高中，可是妈妈却板着面孔，要求他必须按照自己的意思去做。这让李东很痛苦，觉得妈妈是个“独裁者”。

孩子是独立的个体，有自己的意识和思想，他们渴望从父母那里得到起码的理解和尊重。

父母要学会和孩子进行良好的沟通，而蹲下来和孩子说话，是进行平等交流最有效的方式。因此，父母要改变固有的教子观，放下权威的架子，和孩子共同成长。

建议二：学会尊重孩子

孩子在人格上和父母是平等的，父母要学会尊重孩子，将孩子和自己置于一个平等的地位来对待。蹲下来和孩子说话，父母在尊重孩子的同时，也会赢得孩子的尊敬。父母为孩子创造和谐的家庭气氛，更有助于孩子的身心健康发展。

随着孩子年龄的增长，孩子的自我意识不断增强，他们越来越渴望得到父母的尊重和理解，一旦感觉不到父母的尊重，他们就会疏远和父母之间的关系，从而激化两代人之间的矛盾。因此，聪明的父母要放下架子，蹲下来和孩子说话。

建议三：把孩子看做平等的朋友

父母要把孩子看做家里的平等成员，给孩子自由思考和选择的权利。孩子遇到困难时，父母可以适当引导，帮助孩子分析，遇事要和孩子一起商量，听取孩子的意见。

此外，父母要为孩子的成长制造和谐的气氛，努力深入孩子的内心，理解孩子的意愿，支持孩子的正当要求。这不仅能够帮助父母和孩子成为朋友，而且有助于父母更好地引导孩子健康成长。

当然，做孩子的朋友，并不是要求父母放弃原则，迁就孩子的过错，父母要把握好尺度，对孩子提出适当的要求。

建议四：放下架子向孩子学习

由于时代的发展和孩子的不断成长，孩子掌握的知识或许超过父母，甚至使许多父母望尘莫及。这时，父母要谦虚地接受孩子向自己介绍新事物、传授新知识、传播新观念。

维维是个聪明的孩子，自己课余时间经常研究电脑知识，尽管刚上小学三年级，但是已经懂得很多电脑知识。妈妈没有接触过电脑，甚至连基本的开关机都不会。

妈妈觉得自己该向儿子学习，就主动跟着维维学习电脑，最初她也顾虑，怕自己在孩子心目中的地位降低。可是维维并没有这样认为，他对妈妈说："妈妈，我要学习你的好学精神。"妈妈对此很欣慰。

有的父母害怕一旦接受孩子的指教，会降低自己的威信，孩子就不会听自己的教导了。其实相反，父母放下架子，认真听取、虚心接受孩子的"教育"，平等地与孩子一起讨论问题，不仅会促使孩子与父母主动沟通，而且会使孩子更尊敬父母，拉近亲子关系。

建议五：加强和孩子的精神沟通

在和孩子的交流中，父母要深入孩子的内心世界，发觉孩子内心的真实想法。不管多忙，都要放下手里的事情，认真听孩子幼稚话语中所深藏的内心的声音，和孩子进行精神的沟通。父母心理上要和孩子保持同一高度，让孩子在平等的体验中，乐于和父母交流，这样才能保持有效的亲子沟通。

与孩子交流时，父母要多听少说

教子案例

刘梅有一个读小学四年级的女儿。一天，女儿放学回家晚了些，刘梅厉声问她："你到哪去了？怎么晚了一个多小时？"女儿说："我和同学一起到张小梅家玩去了。"刘梅很生气地说："你知不知道我很担心你！以后放学后就回家做功课，不要到处去野！"女儿听了脸色很难看，不理妈妈，径直回房间去。

刘梅认为女儿越大越不听话，她担心女儿现在有许多话不跟自己说，将来会发生问题。于是，刘梅去咨询家庭教育专家，专家听了刘梅的情况给她开了一剂"药方"：多倾听孩子说话。

从此，刘梅不再对女儿的言行做价值判断，即使当女儿不同意自己的看法时，她也努力告诉自己"女儿可以有自己的想法"，并努力做女儿的倾听者。

一天，女儿放学回来说："妈！我好难过，今天考试考坏了。"刘梅听了，没有责怪女儿，而是停下手中的事情，坐下来对女儿说："愿意说给我听吗？"女儿看了看妈妈，把自己考试考坏的情况给她讲述。刘梅听后，和女儿一起分析了失败的原因，并和女儿一起制定了相应的补救措施。

与女儿分析完考试情况，已经是深夜了。女儿感激地投入妈妈的怀抱，说："妈妈，您真好！"那一刻，刘梅的嘴角也浮现出了幸福的笑容。

个案解析

多听听孩子的心声，了解孩子的感受，不但可以增进亲子感情，也可以让孩子明白，当自己遇到任何烦恼时，回到家里都可以向父母诉说，得到父母的帮助。这样就会增加孩子的安全感，而安全感可以使孩子的创造力、理解力、情感等都得以全面地发展。

聆听是了解孩子语言所代表的信息的活动过程。常听有的家庭成员抱怨说："没有一个人真正听我说话。"孩子对这种情况更有特殊的感受。父母没有真正听孩子说话，这是很多家庭普遍存在的问题。

因此，学会倾听就成为父母非常重要的功课。

很多父母会错误地认为，对孩子的教育就是要经常通过语言的方式告诉孩子：什么事情该做，什么事情不该做，这件事该怎么做，那件事该怎么做，告诉他怎样把事情做得更好，等等。

严格说，这不是交流，而是父母对孩子单方面专制式的命令或者说观念和要求的强加。这种做法往往无助于父母与孩子的交流，反而会激起孩子的逆反心理，使得沟通失败、教育无效。

与孩子交流的关键不在于说而在于聆听。称职的父母，一定要用自己对孩子的信任、尊重去鼓励孩子说出内心的想法，从而与他们进行有效的交流和沟通。

专家给父母的建议

建议一：要给孩子留出交谈的时间

当孩子经历着内心的恐慌、创伤或有失望情绪时，他特别需要父母的理解和支持，需要温情的安慰。

所以，父母不管工作有多忙，都要拿出一定的时间，与孩子倾心交谈，让孩子有表达自己心里话的机会。最好每天都要为孩子提供与自己交谈的机会，哪怕只有几分钟。可对孩子说："我们一起散散步，说说话。"或者说："让我们到小房间去聊聊天吧。"

建议二：对孩子的话表示感兴趣

如果你对孩子说的话表现出浓厚的兴趣，那么你和孩子之间就不但打开了沟通的大门，使孩子感到自己是重要的，而且孩子也会非常愿意与父母交谈下去，表达更多自己真实的想法。

建议三：听孩子讲话要专心

一个好的聆听者，必须集中注意力，父母可选择空闲的时间和安静的地点，专心地听孩子说话。在这个时间，父母不要做饭、熨衣服和做别的一些家务活，关掉电视、忘掉手机及其他分心的事，用眼睛注视着孩子，表示自己是真心在与他交流。

建议四：耐心地鼓励孩子说话

与孩子交谈，父母要把孩子作为说话的主角，让孩子多表达自己的想法和感受，表达自己的思想和情感，父母可以借此了解孩子真实的内心。为了使孩子的谈话持续下去，父母要用一些鼓励性的语言，也可以提一些简单的问题进一步引导孩子说下去。

建议五：不要滔滔不绝地对孩子进行说教

很多父母与孩子交流时，喜欢滔滔不绝地对孩子进行说教，告诉他这个不能做，那个不能做，给孩子提出种种要求，不停地给孩子灌输各种观点和思想，甚至在还没有弄清楚事情的真相和了解孩子真实的想法之前就开始说教。这种做法是很容易导致孩子的反感的。

这样的现象在很多家庭中屡见不鲜，父母要避免这一做法，多听听孩子怎么说，了解他的真实想法，在这个基础上对孩子进行有效的引导，只有这样才能做到有效沟通，真正地教育好孩子。

鼓励孩子说出内心的想法

教子案例

小学升初中时，宋维因为几分之差没能考上重点初中，妈妈为此经常责备她，让她觉得自尊心很受伤害。不仅如此，在很多事情上，宋维感觉自己在家里一点地位都没有，甚至连表达自己想法的机会都没有。

初一期中考试，宋维在班里考了前三名，老师还特意表扬了她的进步，班里的几个同学还就学习问题向她取经。

回家后，宋维高兴地想跟妈妈说说这些事。可是妈妈却冷冷地说："我没兴趣听你说这些不实际的事，你能考上重点高中才是真本事。"宋维的积极性大受打击，她决定以后什么事情都不跟妈妈说。

个案解析

在重视交流和合作的社会，孩子的说话能力和讲话水平，被用来当做评价个人知识、修养和能力的重要标尺，所以，父母要重视对孩子说话能力的培养，特别是对于不爱表达自己想法的孩子，一定要鼓励他主动地说出自己心里真实的想法。

孩子要有自己的思想和见解，但是如果不能很好地表达出来，别人就会无法了解他的想法。孩子不说出自己内心的想法，父母也就不能很好地了解孩子的困惑，不能很好地了解孩子的苦乐和需求，不能给予孩子及时的引导和帮助。

宋维妈妈的做法打击了孩子说话的积极性，对孩子的心理造成了很大的影响。父母要鼓励孩子主动说出心里的话，要站在孩子的角度，不能因为孩子的想法幼稚就对他冷嘲热讽，这样会挫伤孩子说话的积极性。

有的孩子本身性格内向，对于这类孩子，父母要尽量让他多和外界接触，在和他人接触的过程中培养自己外向的性格以及养成和别人交流的好习惯，学会向他人表达出自己内心真实的想法。

很多孩子在外人面前会害羞，对于这类孩子，父母要学会尊重，站在朋友的位置，用心去感化孩子，帮助孩子矫正害羞的习惯，让孩子学会交流，掌握融入人群中的方法，以便得到他人的理解和支持。

专家给父母的建议

建议一：和孩子保持有效的沟通

父母和孩子保持良好的沟通与和谐的亲子关系，孩子才会大胆地说出自己的想法。如果孩子说出的想法得到了父母的否定，或是父母忽视了孩子的想法，以后孩子就会隐瞒自己的真实想法。

父母要经常抽出时间和孩子进行交流，了解孩子的想法，与孩子建立良好的亲子关系和沟通习惯，鼓励孩子勇敢地说出自己的想法，要接纳和认可孩子的想法，以此来激励孩子说出自己的心里话。

建议二：不要用唠叨来削弱孩子说话的能力

很多父母习惯于对孩子唠叨，这是父母身上存在的不良习惯，它会使孩子生活在无奈、嘈杂的环境中。在这种环境中，孩子难以对父母说出自己的心里话。

谢萱的妈妈是个爱唠叨的人，一看到谢萱有做得不对的地方就会唠叨个不停，而不是引导女儿怎么做。

开始，女儿会和妈妈辩解，但是妈妈却说女儿不听话，还把她以前的错误都数落个遍。

妈妈唠叨的次数多了，谢萱觉得很没面子，她就懒得和妈妈理论了，逐渐变得沉默寡言，妈妈说什么她也不吭声。在学校里她也只是安静地学习，很少和他人说话，逐渐将自己封闭了起来。

最初孩子会试着对父母说出自己的想法，但如果父母对孩子的话和做的事情总是唠叨，孩子就会产生很多不良的情绪和感受，就会用沉默的方式来反抗父母的唠叨。在这样的家庭环境中，孩子不愿意和父母说话，久而久之就会削弱孩子语言表达和沟通的能力。

建议三：提高孩子的语言表达能力

优秀的孩子都是综合素质很高的人，不论在学习成绩上还是在和别人的交流能力上。不少学校在招生时除了看孩子的成绩外，还增加了面试的环节，其实就是为了考察孩子的语言表达能力。

语言表达能力并不是孩子天生具备的才能，需要后天的锻炼和积累。所以，父母要在孩子的成长过程中有意识地锻炼孩子的语言表达能力。

建议四：鼓励孩子勇敢表达自己的想法

生活中，孩子大部分时间都是在听父母说话，而且很多父母喜欢对孩子的话进行批评和指责，这降低了孩子与父母说心里话的欲望，导致他不会主动地向父母说出自己的想法，最终变得不再爱说话。

瑞雪曾经是个爱说话的孩子，可是最近她变得沉默寡言了。主要是妈妈的教育方式不当所造成的。瑞雪对很多新鲜的事物感兴趣，她会问妈妈，可这些在妈妈看来却是简单甚至可笑的问题，每次女儿提问时，妈妈不是笑话女儿笨就是嘲笑她提出的问题幼稚好笑。

妈妈的态度打击了女儿说话的积极性，女儿渐渐就不喜欢说话。

在日常生活中，父母要有意识地与孩子进行沟通，启发孩子用提问的方式来锻炼自己说话的能力。父母要从孩子的内心出发，学会尊重和理解自己的孩子，孩子才会勇敢地说出自己的问题，父母要对孩子的问题细心解答，以此来强化孩子说话的意识。

不要随意打断孩子的诉说

教子案例

艾云今年上初一，在小学各方面都很出色的她，上了初中后觉得自己只不过是很普通的学生。她的学习成绩不优秀，各项能力也不突出，在班委的竞选中还落选。为此，她心里很痛苦。

回到家后，艾云想和妈妈说说自己的苦闷，可是妈妈却说自己很忙，没时间听她说。吃过饭，女儿还是想和妈妈谈一谈，这一次，妈妈坐了下来听女儿诉说。

可是刚听了几句话，她就立即打断女儿，开始火冒三丈，还质问女儿成绩怎么会下降，根本就不给女儿说完话的机会。

个案解析

青春期的孩子对自我的关注度提高了，但是他们对自己的评价多半是从外界的评价中建立起来的，他们渴望得到父母的尊重和认可。

孩子向父母倾诉的时候，总是希望父母能给予他肯定和鼓励。父母做孩子的听众，能够帮孩子获得自我满足感，孩子有了快乐的情感体验，就会和父母保持良好的亲子关系。

孩子心理上对父母还有很强的依赖感，他们希望父母能够倾听自己的心声，分担自己的喜怒哀乐，然后从父母那里得到情感上的安慰。所以，繁忙的父母要停下自己手中的事情多做孩子的听众，这是对孩子最好的尊重。

父母可能因为工作忙或是自己也有烦心事，而不把孩子的倾诉当回事，没有耐心听孩子把话说完，常常会在孩子倾诉的时候随意打断孩子。

时间一长，孩子就会对父母的态度失望，从而封闭自己的内心世界，不和父母沟通，孩子的消极情绪得不到合理的宣泄，积累到一定程度就会变成一种对抗情绪，既不利于孩子的心理健康，又不利于构建融洽的亲子关系。

父母要学会耐心倾听，让孩子把话说完，孩子会从父母的态度中感受到理解和尊重。家庭是孩子温暖的港湾，遇到困难和挫折时孩子有权利在家庭中得到心理上的安慰，这样才能轻松地投入到生活和学习中去。

因此，父母要安静地听孩子说话，并且要耐心听孩子把话说完，随时关注孩子的情绪变化，及时给予孩子引导和帮助，从而促进孩子健康地成长。

专家给父母的建议

建议一：意识到倾听孩子的益处

向父母倾诉是孩子缓解自己情绪的最好方式，在学校里遇到不开心的事情，孩子回家后如果能向父母诉说自己的委屈和不解，就会得到及时的开导，从而让心情变得豁然开朗。

孩子渴望从父母那里得到肯定，当自己取得了优异的成绩或进步时，希望听到父母的表扬和鼓励，如果得不到父母的回应，孩子的积极性就会受到打击。

父母要认识到倾听孩子说话的重要性，分析孩子倾诉的原因，以自己丰富的人生经验为孩子排忧解难，鼓励孩子敞开心扉，及时调节自己的情绪。

建议二：与孩子沟通时要多听少说

许多父母在教育孩子的时候，都喜欢自己说，让孩子听，这样，父母就难以知道孩子的想法，也就达不到很好的教育目的。

父母应该给孩子表达自己想法的机会，当孩子遇到困难时，要积极地聆听，不要轻易打断孩子。

丹丹上五年级了，一直都是个很懂事的孩子。一次，老师打电话给她的妈妈说丹丹和同学吵架让她去学校，妈妈感到很吃惊。

到学校的时候，妈妈没有立即批评丹丹，而是把丹丹带到家里，和蔼地问她发生了什么事情。丹丹看到妈妈的态度，仔细地给妈妈讲了事情的经过。原来，刘彬说她是个小胖子，并且还对她说了很多难听的话，丹丹一气之下把他的书给扔到地上，才出现了吵架的行为。

妈妈耐心听完孩子的话，教育女儿可以换种方式来和同学沟通。丹丹得到了妈妈的理解，也主动承认了错误。

父母在和孩子沟通时要多听少说，即使是孩子犯了错也要耐心地听孩子讲述原因，这样不但可以增进孩子和父母之间的关系，还可以给孩子传达这样的信息：父母会默默地支持自己，我会得到父母的理解。这样会增加孩子的安全感。

建议三：鼓励孩子说出自己的想法

不少孩子出于害羞的心理或是害怕父母嘲笑的心理而不敢说出自己的想法，父母要鼓励孩子大胆地说出自己的想法。父母在和孩子沟通时，要引导孩子说出自己内心的想法，这样父母才能体会孩子的心情，才能及时发现问题，帮助孩子解决问题。

周真的英语成绩一直不错，常常在班上考第一，可是最近的一次考试，她的英语成绩竟然没有及格，妈妈很纳闷。

周真回家后，妈妈试探性地问女儿学校有什么新鲜事，女儿看到妈妈的兴趣很浓，就打开了话匣子。

周真告诉妈妈最近换了个英语老师，她对自己一点也不重视，所以她就用考低分的方式来引起老师的重视，其实她是能考不错的分数的。妈妈这才放心，并且帮助女儿纠正了她的错误做法。

父母可以帮孩子完整地表述自己的想法，站在孩子的角度来考虑问题，在帮助孩子清晰地表达自己想法的同时，可以和孩子产生感情上的共鸣，这样孩子才能更加勇敢地说出自己的想法。

建议四：不要随意打断孩子的倾诉

孩子希望得到父母的关注，可是如果孩子的倾诉总是被父母打断，他就无法顺畅地说出自己内心真实的想法，就会对父母感到失望，甚至会把自己封闭起来，形成孤僻、内向、忧郁等不良性格。

父母要对孩子的倾诉表现出兴趣，即使对孩子的倾诉有意见，也不要随便打断孩子，要让孩子产生被重视的感觉，让孩子完整地表达出自己的想法。

善于听孩子话语的弦外之音

教子案例

在一个闷热的下午，李心洁满头大汗，她骑着自行车在人流车流中艰难地行进。女儿坐在车后向她讲述着在班里与同学闹别扭的事，劳累疲惫、心里正烦的李心洁毫无反应地听着。

渐渐地，女儿的声音弱了下来。突然，她小声说："妈妈，我差点儿忘了，老师让买一盒橡皮泥。"李心洁不耐烦地说："早干什么去了，刚才路过文具店为什么不说！"谁知当她极不情愿地带着孩子返回文具店时，女儿竟然气鼓鼓地自己跳下车，生气地说："不买了，回家！"说完，头也不回地径直往家走。

一进家门，李心洁就冲到女儿面前质问她为什么这么不听话。女儿眼泪汪汪地望着她说："妈妈，你知道吗？小孩儿也很可怜！"李心洁一下子愣住了，像遭到重重的一击。女儿的小脸通红，哽咽着："妈妈，你们心烦的时候，可以对小孩儿发火；小孩儿心烦的时候，找谁发火呢？你知不知道，小孩儿有时也很难受……"孩子的话使李心洁的内心长时间无法平静下来。

李心洁思索着，父母们曾经也是孩子，也曾因为父母拒绝了他们的正当要求而伤心，因为一次误解而遭斥责……这种伤害往往会留下难以抚平的伤痕，有时甚至会伴随人的一生。今天，做了母亲的李心洁，却因为工作、生活的压力和烦恼而把不良情绪发泄到孩子身上，全然不顾孩子的心理变化和承受能力。

"小孩儿也很可怜"，这句话使李心洁猛然惊醒，她知道自己粗暴的态度已经伤害了孩子幼小的心灵。望子成龙的殷殷期望、缺乏兄弟姐妹的亲情沟通、繁重的学习压力……他们太需要心的交流和沟通。许多父母经常忽视这一点，而只关注孩子的学习，只看重每次考试的分数，却不知道这样做会不利于孩子心理的健康成长。所以，许多孩子变得不愿和父母说话。在这种环境下成长起来的孩子，又怎么不会和父母产生代沟与隔阂呢？

从这以后，李心洁就开始有意识地给自己的心灵留出一块空间，让它去接纳孩子的喜怒哀乐。她知道不仅应该在学习和生活上关心孩子，更应该悉心去体味孩子那一颗渴望得到理解的心。

从此，李心洁与孩子的沟通越来越密切，代沟这堵墙在她们的身上也消失得无影无踪。

▲ 个案解析

“我是你的孩子，所以你要理解我所说的话。请不要笑，这不是让你笑的，而是让你听懂的，否则我不原谅你。”说这话的是一个法国小姑娘，她还在读幼儿园。

这位小姑娘的话启发父母们注意在家庭教育中要善于倾听孩子的弦外之音，才能明白孩子的真实意图。许多父母总是自以为是地评价孩子说的事情，更何况，父母的评价总是站在一个成人的立场上，有些评价对孩子来说也许不太适合。这常常会误解孩子的真实意思，父母们也往往只能听到孩子说的话的表面意思，而错过孩子话语的真实含义。

有人说，教育就是不断沟通，消除误解的过程。倾听孩子的弦外之音，可以增进沟通，促进理解。父母应该做的是：认真听完孩子的话，不仅要明白孩子的表面意思，更要了解孩子的弦外之音，了解孩子的真实意图和想法。

因此，作为一个称职的父母应学会倾听、乐于倾听，并善于倾听孩子的弦外之音，才能真正学会从孩子的倾诉中真切地感受和把握孩子的喜怒哀乐，真正了解孩子在想些什么，要求什么，希望什么；才能真正领会孩子的思想和意图，分享孩子的快乐，真诚地为孩子的进步而高兴，为孩子的成功而喝彩；才能有效地用父母的体贴去化解孩子的烦恼，营造出充满爱意的温馨的家庭环境；也才能赢得与孩子间的真诚的友谊。因此，作为父母千万不能忽视倾听孩子弦外之音的作用。唯有如此，父母们做孩子的教育工作才能心中有数、有的放矢，才能不断提高家庭教育的质量和水平。

专家给父母的建议

建议一：接受和尊重孩子的所有感受

父母应安静、专心地倾听，但尽量不要给予评判。父母不必接受孩子的所有行为表现，而只是接受他的感受。例如，孩子告诉父母他对小伙伴的做法有多生气时，父母要接受孩子生气的感受，但不能允许他通过嘲弄或打人来表达他的气愤。

建议二：让孩子知道你正在听他讲

父母的关注会鼓励孩子向父母表达自己真实的想法和感受。父母应停下正在做的事情，转向孩子，与孩子保持目光接触，并仔细地听孩子讲话，同时还要通过点头或不时地“嗯……”“是的……”等来表示对孩子的注意和兴趣。

建议三：告诉孩子你所听到的以及你的想法

不时地总结、重述或复述孩子所讲的关键内容，包括他的感受以及导致这种感受产生的情境原因。仅仅倾听和理解是不够的，父母还必须用语言对他所说、所想及所感的事情作出反应，对于自己还不太理解的内容及时向孩子询问澄清，以做到真正明白孩子的弦外之音。但尽量不要逐字逐句地重复孩子的话，应使用相似的语言来表达相同的意思。

建议四：对孩子的感受和想法进行猜测和求证

在仔细听取孩子的诉说并观察其面部表情、动作等后，父母可对他的感受和想法进行猜测和求证，例如，可以问孩子：“这件事是不是让你感觉非常生气？”“你的意思是不是想要……”以此来了解孩子真实的想法。

如果第一次的猜测不正确，再试一次，鼓励孩子帮助父母纠正他们的猜测。

只有在帮助孩子了解自己真实的感受和想法之后，父母才能给他提供有价值的忠告、建议或教他以积极的方式看待、对待事情。

从孩子的体态语言中捕获信息

教子案例

亮亮是个爱动的孩子，时常需要妈妈的提醒来帮助他约束自己的行为。这一天，妈妈正要带他去公园玩，家里却来了客人。亮亮看见客人后，脸上马上露出了不悦，转身就进了自己的房间。

妈妈从儿子的表情和动作中，看出了他的不满，就跟进了房间，告诉他要做懂礼貌的孩子，亮亮听话地出了房间，开始帮妈妈招呼客人。

吃饭的时候，亮亮看到自己最喜欢吃的龙虾，就想站起来去夹。可当时客人还没有开始吃，妈妈用眼神暗示亮亮，要等客人吃了之后再吃，亮亮明白了妈妈的意思。客人离开之后，妈妈夸奖亮亮是个懂事的孩子。

个案解析

在倾听孩子说话的时候，父母不仅要做一个倾听者，还要调动自己的各种感官，掌握孩子更多的信息，及时地发现孩子存在的问题，然后根据综合得来的信息，对孩子进行有的放矢的帮助和教育。

孩子的体态语言很丰富，包含了成千上万的信息。孩子的体态语言有很多表达方式，即使是相同的感觉，也可以借助不同的体态语言表达出来，父母要多了解孩子的感受和情绪变化，注意观察和了解孩子的体态语言，借此了解孩子的真实意图。

父母要时时注意观察孩子的身体语言，掌握有关孩子思想和心理的准确信息，这样对孩子的教育才更有针对性，教育效果才会更理想。

父母要对孩子的体态语言认真分析，及时反馈。如果父母没有发现孩子表露自己真实意见或想法的体态语言，或没有及时对孩子的表现进行回应，孩子就会失去向父母表达自己的意见和想法的积极性，这不利于孩子良好性格的养成，甚至还会使孩子形成孤僻、自闭的性格缺陷。

孩子的体态语言如果能得到父母的重视和认可，孩子会觉得父母是完全可以信赖的，觉得他周围的环境也是安全的，这对孩子的心理发展是有很大帮助的。

生活中，孩子还可能会表现出一些不太正常的现象，比如没精神、哭闹不停、发脾气、不讲理等，孩子之所以出现这些负面行为和情绪，目的可能是为了引起父母对他们的关注。这时，父母就要给予孩子适当的关注，帮助他更好地处理自己的消极行为和情绪。

但是父母要注意，不要只用体态语言配合孩子的反应，还要注重对孩子语言能力的培养，以免对孩子的人际交往造成不利的影响。

专家给父母的建议

建议一：关注孩子的面部表情

冯辉是个害羞的孩子，很少和妈妈说心里话，甚至不会告诉妈妈他最喜欢吃什么菜，玩什么游戏。妈妈很着急，担心孩子这样的性格将来无法适应社会。

儿子不爱说话，妈妈就注意从他的表情上发现问题。妈妈提出带儿子去游乐园玩，她看到儿子脸上闪过了一丝兴奋和喜悦，母子俩就高高兴兴地去游乐园了。

到了游乐园，妈妈想让儿子玩转马，但儿子脸上的表情似乎有些不情愿，并且他转头看着旁边的小火车。妈妈明白了他的意思，问他："你是不是想玩小火车？"儿子点了点头，妈妈就带着儿子去玩小火车了。

冯辉脸上露出了笑容，妈妈也很开心。

孩子情绪和感受的变化，最早会体现在脸上，比如孩子笑的时候说明心里是高兴和愉快的；哭的时候可能是委屈、悲伤、痛苦、伤心的；孩子点头，表示同意；摇头，表示否认；眼神集中，说明孩子对该事物感兴趣；面露疲惫，说明孩子觉得无聊；等等。

面部表情具有直观性和形象性，父母掌握了孩子的面部表情变化，才会更好地把握孩子的情绪和心理变化。

建议二:留意孩子说话的语调和语气等

洋洋的妈妈发现自己钱包里的钱少了十元,她问洋洋这件事时,洋洋说话躲躲闪闪,语气和语调很不自然,所以妈妈肯定是洋洋拿了这十元钱。但妈妈并没有立即揭发孩子的行为,她想知道孩子拿钱想做什么。

洋洋放学回家后,直接进了自己的卧室,妈妈从门缝里看到,洋洋开心地看着一个漂亮的文具盒,妈妈心里便明白了。吃饭的时候,妈妈先是给孩子讲了诚实的重要性,又给孩子讲了“小偷小摸”的危害。

洋洋慢吞吞地说出了偷偷拿钱买文具盒的实情,向妈妈承认了错误,并且保证这样的事情不会再发生了。

孩子的非语言表达方式有多种,语调和语气是其中很重要的形式。孩子如果感到紧张、害怕、恐惧,就会出现结巴的现象;孩子思考问题时,可能不会有语言或动作上的反应;孩子语速快,说明情绪很激动、兴奋;孩子故意加重语气,可能是为了引起父母的注意等。

这些都需要父母留心。父母可以从孩子的话语中,窥探孩子的内心世界,再给予孩子适当的鼓励,孩子会更积极地和父母说心里话。

建议三:注意孩子的举止

黄盈的妈妈是个爱慕虚荣的人,常常在外人面前称赞黄盈的成绩好,在家里很听话,这让黄盈有些反感。

妈妈带黄盈去超市,路上遇到了李阿姨,李阿姨夸奖黄盈乖,还数落起了自己的孩子如何不听话,妈妈就和李阿姨说个没完,甚至将黄盈的隐私都拿出来炫耀,黄盈烦躁地捂上了耳朵。妈妈很尴尬,认识到自己在孩子面前的说话方式不恰当。

当父母向孩子说教时,孩子可能会用手捂住耳朵,或者会故意做别的事情,这是在向父母传达“我对您所说的没有兴趣”这样的信息;如果孩子注视着父母,安静地听父母说话,说明孩子对父母的话题感兴趣,这时再对孩子施教,会取得理想的教育效果。

孩子的心理和情感变化的信息,都可以在孩子的细微动作中得到体现,父母要根据孩子的动作,了解孩子的内心活动,从而调整教育孩子的方式。

建议四:给孩子积极的情感反馈

冰冰很喜欢踢足球,他每天都要去踢球,还是学校足球队的主力。最近,学校足球队和其他学校进行比赛，冰冰所在的足球队取得了第一名的好成绩。

回家后，冰冰兴高采烈地向爸爸讲述了自己在比赛中的表现，还带上了动作。爸爸看到孩子如此兴奋，就关上电视，专心看孩子手舞足蹈的表演，还不时地对孩子的动作进行称赞，夸奖孩子有潜力。

冰冰从爸爸那里获得了积极的回应，更加有信心了，决定把踢球的热情用在学习上，在学习上也争做第一名。

当孩子的信息通过体态语言表达出来的时候，细心的父母要懂得分享孩子的情绪感受，与孩子进行眼神的接触，或者用点头的方式表示对孩子所说的话感兴趣。父母只有给予孩子积极的情感反馈，才会激发起孩子对自己良好的感受和评价，从而有利于孩子的身心健康。

多站在孩子的角度看问题

教子案例

陈绍东是五年级的学生，他有一个非常要好的“死党”，两人从小学一年级起就是同桌，关系非常亲密，几乎无话不谈，很多不向父母说的秘密他们都一起分享。在陈绍东心里，这个朋友甚至比父母还重要。

一天，陈绍东因为一件事情跟“死党”发生了矛盾，两个人不再说话了。陈绍东心里特别难受，回到家后，他就将这件事告诉了妈妈。妈妈听后，认为小孩子在一起都是玩的，哪会有什么真正的友谊，因此不以为然地说道：“不说话就算啦，他不找你你也别去找他。”

陈绍东对妈妈这个回答很不满意，虽然他还只是个孩子，但他很珍惜与朋友这五年的感情，所以心情一直很不好。因为妈妈对自己的不理解，他对妈妈也疏远了很多，有什么事情也不再愿意跟妈妈说了。

个案解析

父母要想走进孩子的心里，想让孩子与自己关系更加亲近，想更好地解决孩子身上存在的问题，就必须站在孩子的角度去看问题，不能像上例中陈绍东的妈妈那样，因为没有从孩子的角度出发，所以不理解孩子失去朋友的心情，想当然地认为这只是小事一桩，因此在孩子倾诉时，不能体会孩子的心情，说出了令孩子伤心的话，反而使孩子疏远了自己。

孩子有自己的特点，爱玩是他们的天性，受各种新奇的东西吸引而导致注意力不集中是正常的。因为身心发育的不成熟，他们做事的速度与能力可能达不到成人的标准，这是每个人成长必须经过的阶段。父母只有站在孩子的角度上去看问题，才能够理解孩子，才不会对孩子提出过高的要求，也不会因为孩子达不到自己的要求而大发雷霆。否则，既会影响自己的心情，也会给孩子的心理造成伤害。

父母在处理有关孩子的一切事情时，为了避免盲目性，必须要消除对孩子的偏见，做到站在孩子的角度去看问题。只有这样，才能知道孩子做事情能达到什么样的程度，不会以成人的标准去要求孩子；才能了解孩子的需要与心理需求，在合理范围内满足孩子，而不会以自己成人的观点误解孩子，如上例中陈绍东的妈妈那样。

父母站在孩子的角度去看问题，听起来容易，但做起来却不简单。这需要父母放弃传统教育中长辈高高在上的观念，从心理上消除对孩子的偏见，做到尊重孩子，用真诚的态度与平等的沟通走进孩子的内心，聆听孩子的心声，体会孩子的需要，这样才会避免上例中因父母不理解孩子而造成两辈人隔阂的结局。

专家给父母的建议

建议一：消除对孩子的成见

孩子可能会有很多缺点，父母对孩子的缺点不要一味采取批评的方法，而不去找问题形成的原因。父母站在孩子的立场上看问题，才能消除对孩子的成见，积极想办法帮助孩子改变，这样也会得到孩子的配合，收到显著的效果。

建议二：不提过高的要求

米米6岁，上一年级，平常做事情比较慢，连走路都慢慢腾腾。有一天，米米的妈妈带她到一个朋友家里做客，后来她们三个人一起出去玩。米米的妈妈与朋友说着话在前边走着，米米落在了后面。米米很懂事，她没有喊妈妈等自己，因为她不想打断妈妈与她朋友的谈话。当米米的妈妈想起女儿时，发现米米已经离自己很远了。她的朋友说："米米走路真慢啊！"米米的妈妈回答道："走路慢不是她的错，这是由她的生理特点决定的，我们不能以成人的标准来要求孩子。"

米米的妈妈说完，转身去迎接孩子，并且告诉米米说："妈妈向米米说对不起，不应该只顾自己走路，而忘记米米还小，走路不快。下次妈妈一定注意。""没事的，妈妈，我以后会尽力走得更快一些。"

父母不以成人的眼光去看待孩子，就不会向孩子提出过高的要求；从孩子的角度去看待事情，就会对孩子的做法有更多的宽容。而孩子因为父母的宽容，也会更加积极地向好的方向改变。

建议三：学会换位思考

小才很叛逆，这让小才的父母很烦心。有一次，小才的妈妈让他去买东西，小才当时正在弹琴，就没回答妈妈。小才的妈妈走到他身边，把他从座位上拉下来，厉声问道："没有听见我说话吗？"不料小才头也不抬地说："听到了。""那你为什么没有反应？""妈妈，你没看见我正在弹琴吗？再说你同我商量了吗？你这样做尊重我吗？"

小才的妈妈被儿子的话吓了一跳，意识到自己平常让孩子做事情时，都是采用命令的口气，从没有与孩子商量过，伤了孩子的自尊心，才导致孩子今天做出了对立的行为。孩子不是不听话，而是自己犯了不尊重孩子的错误。

以后，小才的妈妈每当想让他去做事的时候，都会站在孩子的角度思考一下，然后问儿子有没有时间，是否愿意做。这样之后，小才多数时候都会配合妈妈，实在不能或者没有时间时，也会向妈妈讲明原因。因为妈妈换位思考满足了小才的自尊心，所以他变成了懂事听话的孩子。

父母只有做到经常换位思考，学会站在孩子的角度去想，才能找到孩子抵触行为产生的原因，注意到孩子的心理感受，从而改变自己对孩子的不当态度。而孩子，也会在父母的理解中变得听话、懂事、善解人意。

建议四：体会孩子的内心感受

水水今年8岁，是个聪明敏感的孩子。水水的妈妈平时很忙，陪女儿的时间很少，同水水沟通的时间也不多。水水看妈妈不陪自己，每天忙这忙那，就以为妈妈不爱自己，所以内心对妈妈产生了一种莫名的抵触，对妈妈表现得很不友好。

水水的妈妈看出女儿对自己有情绪，可是却不知道原因。这天，水水的妈妈抽空与女儿坐下来聊天，试着让水水把对自己的不满说出来。水水看着妈妈真诚的表情，说出了自己对妈妈的想法，水水的妈妈这才体会到女儿的内心感受。以后，有水水可以帮忙的地方，妈妈就会让水水去做，这样既不耽误干活，又能增加两人在一起的时间，还可以教水水学一些东西，水水也很乐意这样做，母女俩的关系比以前融洽了许多。

父母要与孩子多沟通，只有这样，才能走进孩子的内心，体会孩子的感受，才能知道孩子需要什么，做到及时满足孩子的心理。父母不应以任何理由忽略孩子，这样会在孩子心理上留下难以弥补的阴影。

不要急于纠正孩子“出格”的想法

教子案例

一名老师曾经给“绚彩童画”班的孩子们设计过一个课题：让孩子们画自己的故事绘本。老师先给孩子们讲了一个关于鸭子的故事，然后又讲了鸭子的特点，分析了怎样画鸭子，然后给他们一人一张四折的长纸，让他们发挥想象，自己编绘关于鸭子的故事。孩子们很兴奋，互相说笑着开始了他们的创作。

伊雪想了好长时间才开始动笔，一出手就画了一只青蛙！陪孩子画画的几个父母看见伊雪一张大纸上什么都没有，却在画纸边上画了一只青蛙，都觉得不可思议，开始七嘴八舌地议论起来："怎么画了一只青蛙呀？这孩子怎么乱画呢？好好一张纸不画在中间，画到边上干什么？"

伊雪妈妈对女儿说："你看人家画得多好！你看看你！"妈妈看起来很急，又对女儿说："怎么能画青蛙呢？你看都画到纸外面去了？把纸翻过去重画吧！"

老师赶紧过去看了看，说："让孩子画完，不要着急！孩子一定有她自己的想法！"

果然，伊雪下笔后，似乎胸有成竹，很快完成了画作剩下的部分！老师让她给大家讲讲画的内容，伊雪简单地讲了一下她画的故事："鸭妈妈和小鸭子出去玩，它们走散了，小鸭去问青蛙妈妈：'你好！你看到我的妈妈了吗？'青蛙妈妈说没看到；小鸭又问乌龟姐姐：'你好！你看到我的妈妈了吗？'乌龟姐姐也说没看到！最后小鸭子终于找到了自己的妈妈，原来，妈妈去找妹妹了！妈妈带着小鸭子和妹妹一起去了游乐场！"

看着画面，老师为孩子的创意感到欣喜。伊雪的妈妈也感到很震惊。

个案解析

现在，孩子们的生存、成长环境，无论是家庭还是社会，都和父母小时候不一样了。他们接触社会、接触新事物更早、更广泛，他们面对的世界更精彩。这就更容易增强孩子们的好奇心，使他们容易突发奇想，有意无意地做一些令父母意想不到的事。

针对这种情况，国内教育专家们指出：如果父母将孩子的诸多"出格"想法和行为，简单地看成是越轨或破坏规则、纪律的表现，而加以批评和限制，可能就会把孩子的主动性和创造性扼杀在摇篮里。

反之，如果父母能够正确地对待孩子的"出格"行为，对他们加以正确的引导，调动他们的主动性和创造性，培养他们的创造精神和战胜困难、挫折的勇气，那么在"出格"的孩子们中间一定会出现更多人才。

对一个6岁的孩子来说，做的事情虽然出乎父母的意料，可是这样丰富的想象力，是多么的宝贵啊！

强烈的"出格"思想对孩子的成长是有害的，但孩子的"出格"思想也有其不可忽视的积极因素。认识到了这一点，父母才能正确地对待孩子的"出格"行为，因势利导地教育孩子。

专家给父母的建议

建议一：正确认识孩子的“出格”

孩子的“出格”，常常是其独立性、创造性等的发挥。孩子的“出格”思想和行为，有时是针对传统思想的束缚而产生的。传统观念认为是这样的，而具有“出格”思想的孩子偏偏认为是那样的，这显示着孩子的独创性和自主性。虽然他们有时可能“钻牛角尖”或有失偏颇，但更多的时候，却是他们求异思维的表现，他们在试图独辟蹊径，从其他角度来观察和分析问题。

父母如果能悉心保护孩子的“出格”思想和行为，对其进行正确的引导，不仅有利于孩子独立性的发展，而且还有利于孩子求异思维和创造性思维的发展。因此，父母要正确理解孩子的“出格”思想和行为，不要盲目粗暴地对其加以制止。

建议二：利用孩子的“出格”培养孩子的个性

孩子产生“出格”思想，实质上是他们心理上对于常规思想的“突破”。当他们心理上一旦进入“突破”阶段，表现出来的就不再是过去的听话、顺从，而是勇敢和冒险。现代社会充满着竞争，从小培养孩子好胜、敢闯的心理素质，有利于其形成开拓、进取的个性。

所以，一个合格的父母应该能够正确认识和对待孩子的“出格”行为，并积极引导孩子，使其朝着富有建设性的健康方向发展，培养其良好的个性。

建议三：与孩子沟通，对其进行正确的引导

交流、沟通是走进孩子心灵的最好方法。面对“出格”的孩子，与其进行良好、有效的沟通是引导他们走向正确道路的必要前提。每个父母都应该提高自己和孩子交流沟通的能力，只有如此，才能够走进孩子的心扉，摸透孩子的想法，也才能采取具有针对性的措施应对孩子的“出格”行为，高效地引导和教育孩子。

总之，作为一名合格的父母，一定要敢于接受孩子的“出格”，要能够善待孩子的“出格”行为，要善于引导孩子走向正确的道路。

第三章

父母怎样讲，孩子才会听

——和孩子沟通的语言技巧

语言交流是我们每个人日常生活的一个重要组成部分。在家庭教育中，父母的说话方式对孩子的健康成长具有举足轻重的作用。父母在与孩子沟通时，如果运用良好的说话技巧，就会起到事半功倍的教育效果。要想做一个合格的家长，那就首先从掌握跟孩子说话的技巧开始吧。

低声细语地和孩子说话

教子案例

雷聪今年上初三，所以，父母对她的要求更加严格，交代她的学习任务也很重，雷聪每天都要温习功课到很晚。这样一来，雷聪第二天起床就很困难。

这天，雷聪还在睡梦里就听到妈妈的大嗓门了："你赶紧起来，起来自习一会儿再去学校，考不上重点高中你就不要再进这个家门了，快起来！"雷聪很困，不想起床，觉得妈妈一点也不理解她。雷聪知道妈妈希望她努力学习，可是休息不好怎么能学习好呢？特别是妈妈命令的语气让她很厌烦。想到这里，雷聪翻了个身，又继续睡觉了。

个案解析

不少父母都抱有这样的教育态度：孩子是我的，所以我有权利让他听我的，即使我命令他也没有什么错。这是错误的教子理念。父母的权威和尊严不是靠板着面孔命令孩子树立出来的。

板着面孔命令孩子，可能孩子表面上服从父母的教育，但内心却很不赞同父母的教养方式，不仅会使父母在孩子心目中的形象大打折扣，甚至会让孩子产生严重的逆反心理。

父母觉得只有在孩子面前保持自己的尊严，只有严令孩子，才能"镇住"孩子，孩子也才会听话。其实这是错误的，父母采用这样的方式只会疏远和孩子之间的关系。面对严肃的父母，孩子也不会敞开心扉和父母进行沟通，家庭教育当然也就不会取得理想的效果了。

和孩子的语言交流是父母和孩子保持有效沟通的主要途径，父母板着脸用命令的语气和孩子说话，直接就把双方沟通的桥梁给破坏了。父母和孩子之间不能相互理解，教育的目的也就难以达到了。

望子成龙、望女成凤是每位父母的心愿，父母都希望自己的孩子能取得好的成绩。但在教育孩子时，父母要平心静气地说话，尽量避免使用命令、讽刺的语气，这样既不会伤害孩子的自尊心，又不会破坏父母和孩子之间的关系。

父母要学会尊重孩子，站在和孩子平等的地位上与孩子进行朋友似的谈话，即使孩子和自己的想法不一致，也不能一味地严令呵斥，将自己的意识强塞到孩子的头脑中。

专家给父母的建议

建议一：不做专制的父母

很多父母在教育孩子时，喜欢用训导的语气，要求孩子做事时，更喜欢用命令的语气，他们只关注自己的权威地位，而不考虑孩子的内心感受。专制的父母希望孩子绝对服从自己，可这样父母和孩子之间就不存在正向沟通，而是简单的统治和被统治的关系。

刘婷是初二的学生，性格很内向。其实刘婷幼时是一个活泼、开朗的孩子，只是在父母的专制教育下，她的开朗逐渐被内向、懦弱所取代。

妈妈喜欢安排女儿为自己做事，并且口气常常很强硬，刘婷一开口反抗，妈妈就开始居高临下地教育她，有一堆的唠叨等着女儿。久而久之，刘婷也习惯了妈妈对她的专制式管理，变得畏畏缩缩。

孩子的心灵是脆弱而敏感的，父母用强制的、命令式的语气、以居高临下的姿态和孩子说话，只会挫伤孩子的自尊心。父母在教育孩子时，要平心静气、和言细语地交流，孩子做错事情的时候，父母要耐心地帮助孩子分析做错的原因，引导孩子走上正确的道路。专制教育之下的孩子，表面上会听从父母的命令，实质上会产生逆反心理，或者和父母对着干，或是畏畏缩缩，形成懦弱的性格。

建议二：尊重孩子

青春期的孩子独立意识增强，渴望摆脱对父母的依赖，他们对世界的看法会和父母不一致，一旦不符合父母的想法，父母就会对孩子耳提面命。孩子的社会经验少，肯定会犯这样或那样的错误。父母若不能站在孩子的角度体谅和理解他们，而是一味地板着面孔训斥孩子，就会对孩子的身心造成极大的伤害。

孩子都希望得到父母的尊重，都想自己的努力得到父母的认可。所以，父母要把孩子当成朋友看待，尊重孩子的人格和所取得的进步，做好孩子的人生导师。

建议三：把孩子当做朋友

父母在对孩子用命令的语气说话时要换种思维方式，把孩子当成自己的朋友来对待。父母很少会对周围的朋友采取命令或是训斥的态度，只有把孩子看成自己的朋友，才能保证良好的亲子关系，促进孩子的健康成长。

父母总是把自己置于比孩子高的位置，习惯于对孩子发号施令，这样，孩子得不到尊重，就不乐意同父母做朋友。父母要尽量用商量的语气和孩子说话，和孩子做朋友，和孩子一起成长。

建议四：换种语气让孩子帮忙

很多父母有这样的体会，自己想要得到孩子的帮忙时，孩子会表现得不听话或是故意做错。其实这和父母对孩子说话时的语气有很大的关系：父母命令式的语气激起了孩子逆反的情绪，所以孩子不会服从。

赵倩今年上初中二年级。一个周末，妈妈的朋友要来家里做客，为此妈妈很早就起来打扫卫生、买菜。妈妈突然想起来还没有买酒，但是她自己忙得不可开交，就让正在看电视的倩倩帮她去买。

妈妈以命令的语气要求倩倩去买酒，可是倩倩好像没听见一样坐着不动，妈妈试着换了个口气和孩子说话，她亲切地蹲下来对女儿说："宝贝，你看妈妈太忙了，没法出去买酒，你给妈妈帮个忙，去买瓶酒，好吗？"赵倩看到妈妈的态度，高兴地出去买酒了。

孩子虽然年龄小，但他也有自己独立的人格，他们想得到父母的尊重，而不想父母把自己当成他们的私有品，随意地呼来唤去。父母尝试着用请求的语气和孩子说话，就会收到不一样的效果，沟通的障碍也自然会消除。

善待孩子的问题，让孩子在问题中成长

教子案例

鹏飞正在读小学四年级，性格比较活泼、外向，但与父母的关系却不好。在学校里，他与同学有说有笑，但一看到父母，他的脸色就立刻变得冷冰冰的。

为了缓和与儿子之间的矛盾，爸爸多次走进鹏飞的房间，想与他交流。但鹏飞每次都说："有什么话，你就说吧，我一会儿还要写作业呢。"

爸爸问他："你为什么不跟爸爸妈妈聊天呢？平时有什么开心或不开心的事情，爸爸妈妈都希望能与你一起分享。"

鹏飞不屑地笑道："算了吧。以前，我一有烦心事就跑去问她该怎么办，她就知道应付我、教训我，满脸的不耐烦。这算怎么回事儿啊？你们不愿听，我还不愿意讲呢。"

然后，他就把爸爸"赶"出了自己的房间。

个案解析

孩子向父母提出问题，是表达自己渴望与父母交流的信号，但是许多父母却表现出不耐烦，因此错过了走入孩子内心世界的绝好机会。有些孩子还会觉得父母冷落自己，因此不再信任与依赖父母，有什么事情也不愿再与父母交流，导致亲子关系恶化。

父母平时工作繁忙，回到家后还要打理家务，的确非常辛苦，因此常常无暇认真对待孩子提出的问题。还有些父母，总觉得孩子什么也不懂，每天拿些鸡毛蒜皮的小事来说，提出的问题也很幼稚，没有什么价值，而他们却没有意识到以不耐烦的态度对待孩子的问题，会让孩子本已困惑或者迷失的心灵，再次受到伤害。

当前，在家庭教育中，当孩子有问题想向父母请教时，很多父母常常不会尊重孩子的意愿，积极地给予回应。只有当父母觉得有必要与孩子交谈，或者发现孩子有什么心理或者行为上的问题时，才会想到与孩子交谈，却没有想过孩子此时是否愿意谈。

父母对孩子的问题采取不耐烦的态度，正是由于父母不懂得如何平等地与孩子沟通，没有给予孩子足够的尊重与理解造成的。当父母多次以这种方式拒绝孩子的交流需求时，孩子自然不会再找父母来谈心，甚至会以报复性的心态来对待父母。

如果父母用对待朋友的态度来对待孩子的话，许多家教问题就会迎刃而解。所以，当孩子向父母提出问题时，父母应该抓住这个沟通机会，认真倾听孩子内心的困惑，真正走进他们的内心，了解他们的生活，引导孩子思考，给孩子以正确的指导。

专家给父母的建议

建议一：认真倾听孩子的倾诉

“你说好朋友之间是不是应该无话不谈？”当孩子提出这样的问题时，父母第一应该想到孩子面临着人际关系方面的困惑，因此，父母应该认真地听孩子将他的困惑一一道来。

张茵有一个从小一起长大的朋友，她们每天一起上学，一起回家，两个人在一起总是开开心心的。但是有一天，张茵却发现自己的朋友没把她的秘密与自己分享，这让她十分困惑。

回到家后，张茵发现妈妈正在做饭，于是问了一句：“妈妈，你说好朋友之间是不是应该无话不谈呢？”听完孩子的话，妈妈意识到孩子遇到困惑了，于是对她说：“发生了什么事情吗？”接着，张茵就将自己与朋友之间的事情一一告诉了妈妈。

当孩子提出问题时，父母不妨关心地问一句“发生了什么事情？”以引导孩子继续倾诉，借此引导孩子进行思考，进而解决问题。

建议二：告诉孩子“我们在你身边”

孩子提出问题，意味着他们面临着某种困惑，此时他们的心里一定充满了沮丧和矛盾，因此父母温和的安慰，会给孩子心理上的温暖。

上初一的时候，刘昊与班里一位女生关系比较密切。老师以为他们在早恋，于是将他们分别叫去办公室谈话。刘昊解释了半天，老师始终不相信，最后还警告了他一句“最好像你说的那样，否则就给你们记过处分了。”

回到家后，刘昊问爸爸爱情和友情的区别是什么。爸爸猜想儿子一定遇到了困惑，于是细心打探，终于得知了真相。爸爸心疼地安慰刘昊：“不管怎么样，爸爸和妈妈都在你身边。只要你们的交往是纯洁的，不必怕别人说。”

爸爸的安慰，使刘昊更加坦然地与那个女孩维系着友谊，并且最终使老师相信了他们。

当孩子提出问题时，父母首先应该从心灵上安慰他们，例如说“爸妈都相信你”“无论你做过什么，你都是我们的儿子，我们永远和你在一起”，当然，也可以采用拥抱等肢体动作，给孩子以激励和安慰。

建议三：为孩子提供建议

当孩子提出问题时，一方面希望得到父母的理解与支持，另一方面也渴望父母能够给他们一些建议，以帮助他们更好地处理问题。

例如，孩子与朋友争吵了，心情不佳，向父母提出问题，父母可以提议，让孩子主动向朋友伸出友谊之手，而不要斤斤计较朋友的错误行为。

建议四：暂时放下其他事情

父母正为某件事情忙得焦头烂额，而孩子此时又提出一些看似无关痛痒的问题，往往容易让孩子感觉父母对自己的问题不耐烦。

左雅妮的妈妈独自经营着一家公司，平时工作十分繁忙，但她很关心孩子的学习和生活。

有一次，左雅妮的数学成绩没及格，既觉得对不起爸爸妈妈，又怕他们责备。左右为难之际，她向正忙着跟下属电话交代工作的妈妈嘀咕了一句：“妈妈，要是我让你们失望了，你们还会认我这个女儿吗？”

妈妈立即对电话那头的下属说：“对不起，我一会再跟你说，我女儿有点事情。”妈妈的行为，让左雅妮觉得温馨极了。她把自己的困惑告诉了妈妈，并且痛哭着说自己一定会努力，争取下次取得好成绩。

当孩子提出问题时，父母如果没有过于紧急的事情，都应该先放下手头的事，听听孩子的困惑。因为有时候孩子可能鼓了很久的勇气，才敢开口与父母交流这些困惑的。

建议五:不要轻视孩子的问题

孩子今天与这个小朋友争玩具了;明天又和那个小朋友闹别扭了……这些事情,在父母眼中是小事,但在孩子眼中,却是天大的事情。父母应该站在孩子的角度来思考问题,理解孩子的所作所为,真诚地帮助他解决问题,这样才能让孩子真切地感受到父母的爱。

别用命令的口气跟孩子说话

教子案例

林旭今年9岁,他一直是个很听话的孩子,可是随着年龄的增长,妈妈发现他没有以前那样把自己的话当回事了。

一次,妈妈回家后,林旭迫不及待地把学校里的事情讲给妈妈听,可是妈妈很累,根本就没有心思听他说话,就不耐烦地打断了他,让他去给自己倒杯水。

倒水回来,林旭还想把话说完,可是妈妈却用很强硬的语气命令他去写作业,林旭很不情愿地走回自己的房间。

吃完晚饭后,妈妈再让林旭把话说完,林旭却不想说了,扭头回到自己的小屋去了。后来,妈妈再让林旭帮忙干活,他也不会乖乖地执行了。

个案解析

林旭的妈妈没有注意和孩子沟通的方式,采用命令的语气,致使孩子不再听话。孩子年龄虽然小,但是却有独立的人格和尊严,他们渴望父母用平等的态度来对待他,一旦父母命令孩子按照他们的意愿做事,孩子就会产生逆反心理。

命令往往不是一种有效的教育方式，它既不利于父母和孩子之间建立良好的关系，也不利于孩子完善人格的形成。因此，父母在生活中要注意和孩子沟通的语气，尽量不要用命令的口气跟孩子说话，要让孩子感觉到自己和父母处在平等的地位上，孩子得到了父母的尊重，才会自觉地去做父母交代的事情。

专家给父母的建议

建议一：了解用命令式语气和孩子说话的害处

父母用命令式的语气和孩子说话，是不尊重孩子独立自主性、不尊重孩子个性的表现，父母总这样与孩子说话，孩子就会越来越不愿意接受父母的意见和观点，变得叛逆起来。孩子在父母那里得不到基本的尊重，自尊心得不到满足，心理的健康发展就会受到阻碍。

父母用命令式的语气和孩子说话，如果孩子不听父母的话，父母在孩子心目中的地位就会下降，从而不利于今后对孩子的教育。

父母用命令式的语气对孩子说话，会令孩子缺乏主动性，形成懦弱的性格，或是变得叛逆，这会对孩子的发展造成危害。所以，父母要了解用命令的语气和孩子说话的害处，自觉改变和孩子说话的方式。

建议二：请孩子帮忙时要用请求的语气

大部分父母都觉得孩子是自己生、自己养的，孩子就应该听自己的话。于是，父母让孩子帮自己做事的时候，就会心安理得地使用命令式的语气，比如："快，把拖鞋给我拿过来！""不是让你把垃圾拿出去吗？怎么还不动弹？""赶紧把桌子擦一下，磨蹭什么啊！"等。

萧然 5 岁，是个乖巧的孩子。妈妈下班后回到家很累，她想让萧然帮自己拿拖鞋。她第一次和儿子说话的时候，语气很强硬，对他说："赶紧把我的拖鞋给我拿过来，让我换上。"萧然看了妈妈一眼，像没听懂似的继续玩玩具。妈妈意识到自己说话的口气有问题，就换了个态度，和蔼地对儿子说："宝贝，妈妈很累，帮妈妈把拖鞋拿过来，好吗？"儿子听了妈妈的话，高兴地把拖鞋拿过来递给妈妈，还帮她把皮鞋放到了鞋架上。

孩子心理上认为自己是独立的，有自己的地位和尊严，他们渴望得到父母的平等对待。但是尊重不是一句空话,在生活中,父母要将孩子看成一个独立的个体,尊重孩子的人格。只有被父母尊重,孩子才能学会尊重他人,这是孩子具备健康人格的首要条件。所以,父母要求孩子帮忙时,要采用请求的语气。

建议三:要感谢孩子帮忙

有的父母认为孩子给自己帮忙是应该的,所以不会在孩子完成任务后,对孩子说声谢谢。每位父母都希望自己的孩子成为懂得感恩的孩子,但父母却没有将感恩体现在自己的行动中,懒得对帮了自己忙的孩子说声谢谢。父母这种做法会潜移默化地影响到孩子,使孩子也越来越不懂得感恩。

陈翰林今年7岁,是个懂事的孩子,他知道妈妈工作很辛苦,常常自觉地帮助妈妈做力所能及的家务。每次妈妈下班回家后,他都要帮妈妈倒水喝,还帮妈妈揉肩捶背。每次儿子主动为自己做事的时候,妈妈都不会忘记夸奖孩子,最后她还不忘认真地对儿子说:“谢谢你帮妈妈做了这件事。”翰林和妈妈之间的和谐关系,让很多人都很羡慕。

其实,父母要想与孩子保持和谐的亲子关系,只要改变一下对孩子说话的方式,以平等、温和、尊重孩子的协商式口气与孩子说话,让孩子体验到被尊重的感觉,就很容易建立起和谐的亲子关系。父母应该在日常生活的小事中以自己的切身行动影响孩子,当孩子为父母做了事,即使是很小的事情,父母也要真诚地对孩子说声谢谢,这样不但会强化孩子的感恩意识,还能建立与孩子互相尊重和欣赏的关系,促进亲子沟通。

建议四:及时表扬孩子为父母做的事

父母用温和的语气要求孩子为自己做事时,孩子会保持良好的情绪,在做事的过程中便会下意识地尽量满足父母的要求,做事的效果也会比较理想。

当孩子的表现很出色时,父母不要吝啬赞美的语言,要及时表达对孩子的夸奖,表扬孩子做得好的地方。孩子获得了喜悦的情绪体验,会更主动地帮父母做他力所能及的事,父母和孩子的关系也会更加融洽。

不要板着面孔和孩子说话

教子案例

陈鹏4岁，他正一个人在客厅里玩。爸爸走过来，扫了客厅一眼，发现沙发上、地板上、茶几上都是儿子的玩具。爸爸便对陈鹏说："快点把你的玩具收拾干净！"陈鹏嘟哝着："我还没有玩够呢，我的小马刚拼到一半，我要再玩一会儿。"

爸爸听了儿子的话，说："你都玩了一个下午了，马上就天黑了，赶快收拾好！"陈鹏没有听爸爸的话，一直认真地拼着小马。妈妈看到爸爸又要发脾气了，急忙走过来，对儿子说："鹏鹏，你拼好了就去吃饭，好吗？妈妈先帮你收拾其他的玩具。"陈鹏听后乖乖地点了点头。爸爸见状，摇摇头走开了。

个案解析

孩子不愿意听爸爸发号施令，是因为他已经有了独立的思想，有了独立思考问题、独自决定要做什么的能力。孩子做任何"坏事"或不听"命令"，都是有原因的。父母要学会透过表象找到问题的根源。

学会从孩子的角度考虑问题，能够更快地走近并走进孩子，让孩子乐于听自己的话。很多父母总是会担心孩子的吃、穿、住、行，喜欢不遗余力地叮嘱、管束孩子的行为，板起面孔教训孩子，却忽略了一个问题：父母板着的面孔代表着对孩子的不满甚至厌恶或嫌弃，会给孩子很不好的感觉。

父母若总是板着面孔与孩子说话，孩子就容易站到父母的对立面，不情愿执行父母的要求，甚至与父母形成强烈的对抗关系。这种与孩子说话的方式，绝不是最佳的亲子交流互动模式。父母多一些微笑，对孩子多一些尊重，多一些征求，孩子也会对父母多一些尊重，多一些"服从"。虽然很多时候孩子也明白，父母板起面孔教育自己是为了自己好，但他无法接受父母这种与自己说话的方式。

孩子的世界有孩子的规则，父母若不按照他的意愿来，就容易给孩子带来伤害。父母要尊重孩子鲜明的个性和独立的人格，只有这样，孩子才乐于同父母交流，也乐于接受父母的指引。

“微笑父母”更加受孩子的欢迎，为了孩子的健康成长，也为了家庭关系的和谐，我们都要努力做个“微笑父母”。

专家给父母的建议

建议一：分析孩子拒绝“服从”的原因

要求孩子做某事如果遭到拒绝时，父母要分析其中的原因。很多时候，不是父母说的话不正确，而是父母的态度有问题，如板着面孔教训和命令孩子就会让孩子反感，孩子就容易拒绝听从父母的话。

陈贝正在玩电脑游戏，妈妈一看已经九点半，就板着面孔命令他道：“还不快去洗脸睡觉？”陈贝回过头，瞪了妈妈一眼，撇了一下嘴，说：“我马上就去睡。”妈妈见儿子正在兴头上，也发现了儿子不满的表情。她意识到自己的口气可能不好，于是，就缓和了一下语气，对儿子说：“我看你玩得很高兴，要不你再玩十分钟，十分钟后就去睡觉，好吗？”陈贝高兴地点头答应了，十分钟后他主动关上电脑去洗脸了。

父母学会分析孩子拒绝“服从”的原因，就可以找到让孩子乐于“服从”的方法。孩子不是一味地想抗拒命令，只是想多一点尊重和理解。

建议二：学会征求孩子的意见

孩子是一个独立的个体，会有自己的想法和意愿。父母懂得征求孩子的意见，就是对他的尊重。

刘高 3 岁，父母每次让他吃饭都是个大麻烦。妈妈常常拿着碗追着儿子，但儿子还是不乐意吃。有一天，妈妈为此生气了，就打了儿子两下。

一个星期后，刘高突然对妈妈说：“我要打你，你是坏妈妈。”妈妈大吃一惊，说：“妈妈很爱小高啊，你为什么这样说？”儿子说：“你有时候打我，你是坏妈妈。我吃不下了，你还要我吃，妈妈坏。”妈妈听后不禁愕然。

孩子不服从“命令”，父母要思索：我下达命令时，征求过孩子的意见吗？

孩子的意见是父母的“命令”能否推行的关键。孩子不服从命令会有自己的原因，父母要尊重孩子的意愿。

建议三：用“引导”代替“指导、教导”

父母板着面孔用“指导、教导”的口吻来教育孩子，会引起孩子的反感，孩子往往会拒绝听从父母的话。孩子有自己的个性及处世原则，父母板着面孔教育孩子对孩子来说并不合适。父母若执著于“指导、教导”，只会造成两代人彼此之间的误解和隔阂。孩子有了问题，父母要想给出建议，就要多从平等、尊重的角度引导孩子。

建议四：尊重孩子好的“提议”

父母希望孩子遵从自己“号令”的同时，也要允许孩子表达自己的意愿。如果孩子的“提议”更好，父母要给予鼓励，并认真采纳。

孩子好的“提议”，不应该被看成是“抗议”，孩子的理由也不要被看成是狡辩。父母在发号施令时，面对孩子的这些“异议”要给予他一份尊重。这样，不仅有利于孩子遵从父母的指引，也有利于孩子的身心健康。

不要粗暴专制地对孩子说话

教子案例

很难想象，生于富裕家庭的小良，谈起父母来居然感受不到半点亲情。小良的父母每天都忙于自己的工作，记忆里父亲从没带他出去玩过，对他的教育不是呵斥就是贬低讽刺，粗暴的父亲需要的是儿子的顺从与听话。

高考结束后，小良报考的院校也不是很好，暑假里整天在家待着，除了上上网，打打游戏之类，没有其他的活动安排，意志日渐消沉，精神逐渐颓废，也懒得跟同学们联系，同学的邀请他也基本回避，把自己困在自己的小房间里。

对于儿子的这些表现，父亲常常不是打就是骂，还强令他出去走走，或者帮父母做些事，或者读一些书报等。但对父亲粗暴、专制的教育方式，小良非常反感，常常为此与父亲发生口角，还多次为此砸坏家里的一些家具甚至离家出走。

个案解析

在中国，自古以来父母对孩子最拿手的教育方法就是打和骂。“打是亲骂是爱，不打不骂是祸害”“树不修不成料，儿不打不成才”“棍棒底下出孝子”，孩子犯了错，一些脾气暴躁的父母在恨铁不成钢的观念的影响下，常常会失去理智地对孩子进行打骂，想以此来促使孩子改正错误。

然而，打骂这种粗暴的教育方法，不但不能达到父母的教育目的，而且会使孩子形成说谎、冷漠、孤僻、仇视、攻击等心理问题，而这往往会成为孩子日后出现不良行为、离家出走的根源，也会造成孩子走上犯罪道路或自残、自杀等令人遗憾终生的事情发生。

有心理学家经过实践证明，存在各种心理和行为问题的孩子，大多是因为父母不了解孩子的内心，刻板地说教、粗暴地打骂、无情地强制，甚至从精神上虐待所导致的，这种教育方式严重地恶化了亲子关系，使孩子丧失了安全感和归属感，从而影响了孩子的身心健康和性格的健全发展。

所以，当我们教育孩子的时候，应耐心细致地引导孩子，告诉他哪儿做错了，为什么做错了，同时还要告诉他如何将事情做得更好，切莫用粗暴、专制的方式对待他。只有这样，才能真正把教育做到孩子的心里去。

专家给父母的建议

建议一：遵循孩子的成长规律，提出合理的要求

要使家庭教育获得成功，就要全面了解孩子身心发展的实际水平和特点，遵循孩子生理和心理的发展规律进行教育。无论是让孩子学做家务劳动，还是让孩子学习基础文化知识，都要从孩子实际的身心发展特点出发，遵循从易到难的顺序进行，忽视了这一点就难以获得应有的教育效果。

在教育中，有的父母望子成龙、望女成凤心切，急于求成，只从主观愿望出发，强制要求孩子这样、那样，这常常会让孩子产生厌烦情绪。而对此，很

多父母却一味地埋怨孩子不理解父母的苦心，甚至采用打骂这样粗暴的教育方式，结果往往事与愿违。所以，只有从孩子的实际水平出发，循序渐进地启发孩子，而不是粗暴专制地要求孩子，才能达到教育的目的。

建议二：父母要控制情绪，平衡心态

当孩子犯了错误或做出一些令父母难以接受的行为时，有些父母一时过于激动，控制不了自己的情绪，打断或者不听孩子的解释，训斥甚至打骂孩子。的确，孩子在父母的大吼大叫下，或许会表现得听话、服从，但这样的手段会使父母逐渐无法控制局面。初期会让孩子在表面上服从，但逐渐地，这会影响孩子稳定的情绪和心理发育，进而会出现不良的行为。

在这样的教育方式下，很多孩子有错也不告诉父母，而是采取隐瞒、撒谎等方法来逃避父母的斥骂，久而久之也会像父母一样，以粗暴的方式对待别人。而且父母打孩子是教育无能的表现，会把自己最气愤、最薄弱的环节暴露给孩子，孩子就知道了怎样能使父母暴怒，以后他甚至可能会采取同样的方式报复父母。所以，不轻易愤怒的父母才是最有威严的父母。

孩子是不可能不犯错误的，但也不可能永远是错的，随着年龄的增长，他们在不断学习，不断成熟，会有自己的观点和看法，尽管这些观点和看法往往会有些片面。父母不要把孩子当成成人，以自己的标准来要求孩子。当发现孩子犯了错误时，要保持冷静，先反省一下自己的教育方法是否有问题。如果是孩子的问题，应该从了解孩子的心理、帮孩子分析问题、讲清楚问题的后果等方面让孩子认识自己的错误，当然也要进行适当的批评。

在和孩子的谈话中，当孩子的意见和自己的有冲突时，千万不要失去控制地大吼大叫，应该冷静地分析一下孩子的意见是否正确。正确的要给予支持，如果是错误的，父母应该在商讨的气氛中帮孩子分析，切记不要一味地否定孩子的意见，不然会使孩子养成沉默寡言的孤僻性格。所以，父母要注意控制自己的情绪，从孩子的角度出发，分析孩子的观点和看法，那样就会对孩子多些理解，也可以帮助孩子更好地完善他的行为和观念，并理解父母的良苦用心。

另外，父母还应该注意自己日常生活中的情绪对孩子的影响。不要在孩子面前表现出消极的情绪，那样会使孩子处在一种不和谐的家庭环境中，导致其情绪也发生变化。

与孩子谈话的内容要具体

教子案例

雅文今年刚上幼儿园，妈妈教育她在学校里要懂得尊重老师，对老师要有礼貌，孩子便将妈妈的话记在了心里。

有一次，雅文和妈妈去公园玩。雅文在前面跑着跳着四处看看瞧瞧，很快就将妈妈甩在了后面。突然，雅文看见前面一张长椅上坐着一个女人和一个男人，显然是情侣，两个人搂抱在一起，很亲昵的样子。

雅文仔细一看，原来那个女人正是自己的幼儿园老师王老师。于是，雅文马上跑过去，大声地跟王老师打招呼："老师好！"

王老师发现是自己班的孩子在和她打招呼，她和男朋友马上停止了亲昵的举动，很尴尬地望着雅文笑。

雅文的妈妈因为没有对女儿讲尊重老师的具体内容，才会出现这样的尴尬场面，真是让人哭笑不得。

个案解析

思维的具体形象性是年龄较小的孩子的思维特征。孩子头脑中所想到的，都是生动而形象的画面，因此，父母在向孩子提出要求或讲道理时，要明确说出具体的内容，让孩子知道哪种情景可以用哪种方法应对。只有言之有物的说教，孩子才会乐于接受。

在现实生活中，很多父母和孩子说话时，往往只讲空洞的道理，结果道理没少讲，孩子听进去并转化为实际行动的却少之又少。比如，有的父母说"孩子，你的表现真好"，孩子会纳闷，不知道自己好在什么地方。因此，父母这样的话是不会收到实际效果的。

心理学家海伦曾说过："具体到某件事情上，用语越具体，其有效性就越大。"因为越具体，说明父母对孩子越关心和了解。父母说得太空乏，没有实际内容，孩子就会觉得父母只是随口一说，并非自己做得很好或是犯的错误没有那么严重。

孩子的抽象思维能力有限，很难将父母提到的抽象事物转化为自己的内在感知。这就需要父母与孩子说话时，尽量选择最近发生的事情，最好是在事后就和孩子讲清道理。这样不仅会让孩子印象深刻，教育效果也会更加理想。

孩子喜欢父母和自己说话时是真诚的，只有孩子感到父母的真诚了，才会唤起自己意识里的亲密感和信任感，从而更加积极地表现自己。父母和孩子说话时，一定要控制自己的脾气，不要将孩子之前做过的错事全部翻出来，而要做到就事论事，冷静地向孩子说清理由，使孩子认识到自己的进步和不足，产生继续努力或是知错就改的意识。

总之，父母要具体地看待孩子的成绩或是错误，只有真诚的、具体的赞美或是批评，才会使孩子受到感染，达到父母预期的教育效果。

专家给父母的建议

建议一：对孩子的批评要具体

当孩子做错事的时候，父母都会批评孩子，但如果不懂得批评的技巧，不和孩子讲清到底什么地方做得不对，孩子改错的意识就会很淡薄，对于怎样改正错误也没有明确的概念。

妍妍回家后，妈妈就开始劈头盖脸地批评她："你怎么可以这样？你这样做妈妈多伤心，和你爸爸离婚后，妈妈辛辛苦苦地拉扯你，可是你看看你自己是怎么做的？"

妈妈的话让妍妍很纳闷，她不知道自己因为什么事情让妈妈如此生气。她开口问妈妈，可是妈妈却又说道："你还好意思问我啊？"妍妍委屈地哭了，她实在不知道自己到底做错了什么，所以，那段时间她感到特别压抑。

后来妍妍才知道，妈妈是因为看见她和一个男同学放学一起回家，以为她早恋了，才如此气愤。

父母在批评孩子的时候，要尽量控制自己的不良情绪，具体客观地为孩子指出他犯错的地方以及原因，给予孩子科学、恰当的指导，这样才会达到教育孩子的目的。

建议二:对孩子的表扬要具体

父母对孩子的表扬和赞美,不仅要及时,还要具体,要注意强调孩子做得令人满意的具体行为,表扬越具体,孩子越能清楚地知道,哪里是需要自己应继续努力的地方。

袁乐是个很调皮的孩子,经常把家里弄得乱七八糟,有时候,妈妈刚收拾好屋子,她就又给弄乱了,让妈妈很生气。但是打也打了,骂也骂了,袁乐还是和之前一样不听话。

妈妈特意跑到书店去买了一些关于教子的书,从书里学到了"赏识教育"的方法。妈妈在生活中也试着去做,比如,妈妈发现女儿将门口的鞋子捡起来放进鞋柜,就说:"妈妈要谢谢你把鞋子捡起来了。"女儿将头梳好了,妈妈会说:"孩子,你今天的头发梳得真漂亮。"

在妈妈的具体赞美中,袁乐似乎也感觉到了妈妈对自己的关爱,从而扬长避短,成了人见人爱的懂事孩子。

在父母的表扬里,孩子也可以认识到自己什么地方做得不足,进而努力改正自己的不足并纠正自己错误的行为,从而实现全面发展。

建议三:利用具体情境和孩子说话

仅仅依靠空泛的语言说教对孩子是不起作用的,父母要学会利用具体的情境与孩子说话,因为在具体的情境中,教育才更有针对性,孩子也才能印象更深刻,记得更牢。

周日,妈妈带赵飞去公园玩,当时天气炎热,很多人都吃雪糕,在垃圾桶旁边已经堆了很多雪糕包装袋,赵飞的雪糕袋子也没有扔进去,而是丢在了旁边的地上。

一位清洁工正费劲地捡着地上的袋子,妈妈觉得这是教育儿子的好机会,就对他说起了清洁工作的不容易,还教育他做个尊重他人的人。赵飞听了,觉得妈妈说得很有道理,就过去帮助清理垃圾,不但将自己的袋子捡了起来,还将其他人扔的都捡了起来,妈妈看到后很高兴。

父母应该学会利用各种情境对孩子进行教育,比如,在餐桌上,可以教孩子基本的进餐礼仪;在公交车上,教孩子主动为老人让座;在公共场合,教孩子要爱护公共卫生,自觉将垃圾扔进垃圾桶里;在公园,教孩子珍爱生命,禁止乱折花草等。

此外，父母还可以创设具体的情境对孩子进行教育。例如，假设孩子的东西丢了，找不到了，心里很着急，父母可借此引导孩子不要随便拿别人的东西，捡到东西要主动归还。

父母只有及时、具体地教育和引导孩子，才能达到理想的教育效果。

改变孩子不妨用一点暗示

教子案例

曾慧的妈妈在生曾慧的时候不太顺利，医生不仅给孩子吸了氧，还说曾慧以后可能会出现智力问题。曾慧今年9岁了，和一般的孩子不太一样。曾慧身上出现了许多令妈妈头痛的行为，例如，旷课、贪玩、一意孤行、偷窃、撒谎等，邻居们都说曾慧是个难管教的孩子。

妈妈却不认为她难管教，而是担心她有智力低下的问题。妈妈带她看了七八家医院，也做了很多检查。结果测定，曾慧智力水平完全正常，根本不存在智力低下的问题。之所以会出现诸多不听话的行为，很大程度上是曾慧妈妈长期对曾慧进行不良心理暗示的结果。妈妈一直认为曾慧和别的孩子不一样，而且常常通过言行表现出来。

在医生的建议下，曾慧妈妈深刻地反省了自己的教育方式，并在医生的指导下，开始有意对女儿使用良性暗示法，对她悄悄开始实施赏识教育。

从一句话、一个动作、一个眼神，曾慧妈妈都会深思熟虑，力争给予曾慧正面积极的暗示。经过半年多的暗示教育，曾慧就像变了个孩子一样，身上的诸多不听话行为完全不见了。现在走在大街上，很多邻居都对她竖起大拇指呢。

个案解析

随着现代教育理念的不断更新，在日常生活中父母不知不觉地会给孩子们一些暗示。这些暗示在培养孩子的性格、学习和生活习惯、品质等方面起到了不可低估的作用。尤其在教育不听话的孩子时，更有着神奇的作用。

暗示对教育孩子是一种十分有效的技巧，这种教育形式，孩子会更乐于接受，更喜欢。暗示，是无声的教育，是“润物细无声”的教育。

一般而言，积极的暗示会让孩子朝着积极的方向发展，而消极的暗示则会让孩子朝着消极的方向发展。比如，若父母经常批评孩子这不行，那不行，孩子就会得到消极的暗示：“我真的不行”“我很差”“我没有能力做好这件事”等，这样孩子就会越来越不愿意去行动，也会变得越来越不行、越来越差。而如果父母经常表扬孩子“你这件事情做得真好”“你很优秀”，孩子就会得到积极的暗示：“我真的很优秀”“我行，我能”等，从而更积极地去行动，这样孩子就会变得越来越优秀。

世界著名教育家苏霍姆林斯基说：“任何一种教育现象，孩子在其中越少感觉到教育者的意图，教育效果就越大。”所以，我们很多父母在对待孩子的教育上，应去掉那些让孩子反感的“要求、命令、必须”等词汇，而通过“启发、暗示、商量”等形式来对孩子进行教育。

专家给父母的建议

建议一：眼神暗示

眼神是一种无声的语言，能比语言更细腻、更清晰地表达感情，更容易让孩子接受。比如，孩子做对了某件事，父母可以用欣赏的眼神看着孩子，孩子就会得到积极的暗示，觉得父母喜欢他、欣赏他，从而更愿意听父母的话，与父母的关系也会更好。

建议二：表情暗示

表情比眼神表现得更明确，父母的表情能对孩子传达多种信息，比如肯定、同意、可以、不能、不该等，可对孩子形成某种刺激，使孩子做出相应的反应。孩子做了好事，父母对他赞许地点一点头，孩子就会受到鼓励，增强自信。孩子经过努力，解开了一道题，父母对他会心地笑笑，孩子就会非常高兴，学习的积极性也会更高。这些都是对孩子最好的激励。

建议三：言语暗示

当要表扬或批评孩子时，父母不妨采取迂回的方法，比如用讲故事、打比喻、作比较等方法把自己的观点巧妙地“点”出来，让孩子心领神会，在一种柔和的气氛中接受教育，这也是一种有效的教育方法。

建议四：动作暗示

动作暗示就是父母用体态语言把自己的想法表露出来。比如，父母辅导孩子做作业时，发现孩子坐姿不正，可以面对孩子做几个挺胸的动作，并书写一两个字，让孩子接受这些暗示，孩子就会学着做。小孩子需要大人的爱和注意，特别是父母常常口头上赞许他的好行为，或亲亲他、拍拍他、搂搂他，这些点点滴滴的动作都向孩子表达了父母对他的感情和鼓励，从而帮他建立起自信。

建议五：情景暗示

情景暗示指的是父母对周围的环境刻意规划，以达到激励孩子的目的。情景暗示需要父母必须把握好适当的情景氛围，用生动感人的情景增强孩子的内心体验，引起孩子的愉悦情绪和探索兴趣，启发孩子积极主动地思考问题。比如，在孩子的卧室张贴名人画像和名言警句等，这些都能起到很好的激励作用。

艺术地运用说服教育的手段

教子案例

穆志英的儿子雷雷今年才8岁，竟从家中偷了800元钱去买东西，一天之内花得仅剩30元。穆志英是在去买菜时突然发现钱包里的800元钱不见了的，她感到非常奇怪，最后仔细一想，儿子雷雷的嫌疑最大。回家后她问雷雷，雷雷起初不承认。妈妈就搜集证据，检查到雷雷的裤子口袋里有一张当日的超市购物小票，列有购买的各种食物和玩具清单。同时又在他身上找出30元钱。这下雷雷不得不承认。

据雷雷交代，钱是他前一天晚上拿的。早晨上学时他在学校旁边两家小店先后买了几个悠悠圈，花去近500元，其中最贵的一个悠悠圈价值200元。下午他又在一家超市买了一堆零食和玩具，花光了几乎所有的钱。

穆志英十分气愤，抓住儿子打了一顿，还把他关了半天“禁闭”。晚上吃饭时，她的气消了，心疼地开门让雷雷吃饭，顺便问儿子：“看你以后还敢偷钱吗?”雷雷头一歪，说：“当然敢了，大不了再让你打一顿，关半天!”

个案解析

孩子由于心理、生理、性格等方面的原因，加上家庭环境、文化氛围、接受能力等方面的差异，他们总会犯些错误，这是难免的。对于犯了错误的孩子，最好的方法是说服。但如果“说”而不“服”，也是达不到教育的效果的。要想让孩子“心服”，只有使孩子真正认识到自己的错误，才能达到帮他改正错误的目的。像上面案例中的妈妈采用打骂等办法，是收不到理想效果的。

在全国范围内进行的一项“未成年人违法犯罪调查”显示，绝大多数父母对孩子的不良行为并非放任不管，他们以说服、打骂等不同的方式去教育孩子，但是却没有能力去改变孩子。调查显示：父母“不管不问”，即采取放任教育方式的平均不超过一成，打骂孩子，即采取粗暴教育方式的平均只有三成，而平均60%的父母都是采取说服教育的方式。

对此，教育专家表示，父母采取什么样的教育方式会影响教育效果，但并不决定教育效果。决定教育效果的是父母对孩子的教育能力，即帮助孩子改变不良行为的能力。

专家认为，即使采用说服教育的方式，如果不讲究方式、方法，不能说服孩子，同样会使孩子反感。因此在教育孩子的过程中，父母说服孩子的能力非常重要。

父母说服孩子要有耐心，说话要有艺术：要言之有理，有感而发，多用建议替代命令、指责。要全面了解孩子，实事求是，有的放矢，就事论事，准确把握教育良机。学习了这些理论，再想想上例中雷雷的话，是事出有因的，是他的妈妈没有找到恰当的时机和方式，或没有针对性的给孩子讲道理，才让孩子感觉妈妈说空话，没有联系实际。上述案例中，如果在孩子出现小问题的时候，妈妈就能够说服孩子，就不会导致后来出现这么大的错误。

说服教育要特别注意研究孩子的心理，符合孩子的心理特点，才能与孩子产生共鸣。父母在对孩子进行说服教育的时候，要采用孩子易于接受的方法。如低年级可以采用讲故事、讲寓言等方式；高年级可以采用讲典故、让孩子自己读文学作品等方式。这些都是父母应该学习和掌握的教育方法。

专家给父母的建议

建议一：通过赞美说服孩子

"数子十过，不如赞子一长"，赞美是教育孩子的良方妙策。

齐景公生性好玩，常常爬到树上去捉鸟。晏子想说服齐景公改掉这个恶习。有一天，齐景公掏了鸟窝，一看是小鸟，就又放回鸟窝里。晏子问："国君，您怎么累得满头大汗？"齐景公说："我在掏小鸟，可是掏到的这只太小、太弱，我又把它放回巢里去了。"晏子称赞说："了不起啊，您具有圣人的品质！"

齐景公问："你怎么说我具有圣人的品质呢？"晏子说："国君，您把小鸟放回巢里，表明您深知长幼的道理，有可贵的同情心。您对禽类都这样仁爱，更何况对百姓呢？"齐景公听了这些话十分高兴，以后再也不掏鸟玩了，而是更多地去关心百姓的疾苦。晏子顺利地达到了说服的目的。

在通过赞美说服孩子时，父母必须注意孩子的嗜好、习性、脾气，抓住孩子的心理特点，选择孩子真正感兴趣的事情进行赞誉，这样才能取得好的说服效果。父母还要注意褒奖适度，恰如其分，恰到好处。如果夸过了头，给孩子虚假的感觉，反而会引起孩子的反感。

建议二：给孩子贴上正面的“标签”

父母很多时候都会无意中给孩子贴上某种“标签”，贴正面“标签”还是负面“标签”，对孩子的影响常常是截然相反的。

有一次，慧慧和妈妈一起到外婆家去玩，慧慧见到弟弟的遥控汽车后爱不释手，就抢了过来玩，使得弟弟哭哭啼啼地向慧慧妈妈告状。慧慧的妈妈把慧慧拉到身边，对他说：“我家慧慧最会玩玩具了，你去当弟弟的老师，教弟弟玩玩具，好吗？”慧慧愉快地当起了弟弟的“老师”，就再也不好意思跟弟弟抢玩具了。

因为每个孩子都有优点，而且他们都希望得到父母的赏识。如果父母能够利用这一特点，在众人面前夸赞孩子，就可以使孩子愉快地接受教育。

建议三：用讲故事的方式来说服孩子

在说服孩子的过程中，最令孩子反感的就是父母滔滔不绝地给自己灌输一堆大道理，而故事对于孩子来说则是最容易接受的。父母不妨用讲故事的方式来说服孩子。

胡志强是个属鼠的孩子，由于他连续两次在考试中得了满分，不免有点飘飘然起来，总觉得自己是天才。为了教育儿子，妈妈便给他讲了一则故事：“有只小老鼠见两个孩子在下兽棋，就悄悄走近前去看，结果他发现：尽管兽棋中的老鼠可以被猫吃掉，被狼吃掉，被虎吃掉，却可以战胜大象，于是它认定，老鼠是百兽之王。一天，老鼠趁着黑夜钻进了大象的鼻子，大象打了个喷嚏，小老鼠立刻飞了出去，扑通一声掉到了臭水坑里。孩子，‘自’‘大’加一点就是‘臭’字，你这只小老鼠千万不要掉到了臭水坑里啊！要想避免这样的事情发生，就必须遵守一个前提，就是永不骄傲！”听了妈妈讲的故事，胡志强觉得很羞愧，下决心改掉自大的毛病。

因此，父母不妨利用故事等来妙喻说理，使孩子冷静深思、豁然顿悟，由此达到说服孩子的目的。

建议四：用激将法激励孩子

激将法就是故意对人说贬低的话，激起对方的羞耻心和不服输的精神，借此激励对方努力。

上小学四年级的赵勇虽然成绩还不错，但是很贪玩，经常会忘记做家庭作业。妈妈决定用激将法对他进行教育。她对赵勇说："今天我下班回来你没有完成作业，明天我这个时候下班回来，你也一定完不成作业。我估计你就是不行了。"第二天放学后，赵勇竟先完成了作业再玩。见到妈妈回来，他得意地拿出了做好的家庭作业。妈妈欣慰地笑了，因为自己的教育目的达到了。

平时，有些调皮的孩子，常常难以听进父母的劝导，潜意识中总有个"不"字。但如果父母根据其个性特点，巧妙地使用激将法，也能促使孩子改正坏习惯。

建议五：借比喻给孩子说明道理

说理不仅需要用抽象的逻辑思维来"证明真理"，而且离不开具体的形象思维去"显示真理"。所以，父母应该借助一定的事物来将道理说得生动、具体、形象，比喻就是一种非常好的方式。

战国时期，我国思想家孟子刚上学时对学习很有兴趣，但时间一长就厌烦了，经常背着母亲不去读书。孟母知道后非常生气。

一天，孟母正在织布，看到儿子逃学回来，就拿起剪刀当着儿子的面把织布机上的经线割断，怒斥他说："我织布供你读书很不容易，这织布机上的布是一丝一线织起来的，现在割断了就无法织成。学问也是点点滴滴积累起来的，你学习和我织布是一样的道理，经常逃学怎么能成为有用之才呢？"经过孟母断机施教，孟子受到了深刻的教育和启发，从此旦夕勤学，最终成为我国历史上著名的儒学大师。

父母要用新颖的形式、生动的语言，将深邃的哲理、丰富的意蕴，用耳闻目睹的趣事或实例，把正确的理念传达给孩子，进而使孩子领悟教育的要求，明确进取的目标。

幽默一点儿又何妨

教子案例

黄玉是个不苟言笑的孩子，平时做事喜欢钻牛角尖儿，和别人说话时也很严肃，很多人都觉得她难以相处。要是和谁因为某件事较上劲了，她一定会跟人争执到底，最后让对方无法忍受，也就只好投降了。

因为黄玉太过计较，一点儿都不给别人通融的余地，时间一长，她身边的朋友也都不爱和她在一起了。妈妈也了解女儿的性格，觉得她这样下去不好，自己的生活也会不开心，于是就想办法培养她幽默的性格。

妈妈从自身做起，用幽默的性格积极乐观地面对生活，生活中发生的小事，她也会用幽默的语言说给女儿听，还会经常给她买幽默的书籍，女儿无形中受到了感染。渐渐地，黄玉也学会了幽默，对同学也不再刻板，变得活泼、风趣。同学们对她的改变都很惊奇，也非常喜欢现在的她。

个案解析

幽默是情商中很重要的部分，在社交中起着举足轻重的作用。所谓幽默，主要是说一个人可以通过语言或肢体语言，让与自己互动的对象感到愉快。

幽默是一种人生智慧，一种积极的情商，是人们适应环境的良好的工具。当人在面临压力的时候，幽默是很好的缓解妙方，它能够及时淡化人的消极情绪，消除人们的沮丧和痛苦。同时幽默也是智慧的一种体现，它能够帮助孩子更好地与他人相处。

培养孩子的幽默感，是父母培养孩子情商的重要内容。一个具有幽默感的孩子，肯定更加受人欢迎和喜爱。具有幽默感的孩子一般性格外向，能够很好地处理人际关系，为以后步入社会打下基础。此外，幽默还可以有效地帮助孩子缓解学习中的压力和苦恼，保证孩子拥有乐观向上的心态。

幽默感三分天生，七分在于后天培养。要想培养有幽默感的孩子，父母首先就要学会幽默，父母的幽默感，对孩子来说最有效，它能潜移默化地影响孩子，使孩子成为乐观的人。比如，父母可以用夸张的表情和动作向孩子表达自己的意思，和孩子玩捉迷藏的游戏，可以出其不意地给孩子惊喜，这些都是简单的幽默。

专家给父母的建议

建议一：积极营造幽默的家庭氛围

家庭是孩子的第一成长环境，也是孩子健康心灵接受熏陶的地方。孩子幽默感的培养与家庭氛围有很大的关系，轻松欢乐的家庭氛围有助于孩子幽默品质的培养。父母要注意给孩子营造一个宽松的家庭成长氛围，让孩子能够更快乐地成长。

刘静出生才几个月，父母就喜欢逗她笑，看到女儿被逗得笑个不停，父母也感到很快乐。女儿渐渐长大，父母也一直很注意给孩子营造欢乐的家庭氛围，让女儿能够时刻生活在欢声笑语中。

一次，刘静犯了点小错误，爸爸故意扮着鬼脸，扬起巴掌说："再不听话我就把你打得屁股开花。"没想到，女儿竟然说："好啊，你打吧，我想看看能开出什么花。"孩子从爸爸的话和表情中感受到了幽默，同时也认识到了自己的错误。

如果父母都有幽默感，经常把生活中的一些事情用幽默的语言表达出来，孩子慢慢地也能学会制造幽默，这就形成了一个很好的发现幽默与表达幽默的环境。

建议二：教孩子学会幽默

幽默来源于孩子对生活中诸多事物良好的观察力和洞察力，只有学会幽默才能迅速地捕捉事情的本质，发现别人没有注意到的事情，并以恰当的语言诙谐地表达出来。

李爽是个小学四年级的学生，他曾经很喜欢与人辩论，但每次都闹得不欢而散，为了使自己的人际关系不再继续恶化，他不敢再与人辩论。

妈妈知道后，便告诉他，逃避是不能解决问题的。她给儿子讲了许多名人坚持真理，并用幽默的言行表达出来的小故事，鼓励他去说出自己的想法，告诉他在说出想法时要讲究幽默的技巧。

在妈妈的引导下，李爽学会了幽默地面对周围的人和事，渐渐地，李爽身边的朋友也多了起来。

愉悦和宽容的心态是幽默的心理基础，父母要教孩子在与人相处的过程中宽容地对待他人，用幽默表示自己的不同意见，用幽默表示自己对对方的不满情绪等。

那么，该如何培养孩子的幽默感呢？比如，在生活中，父母要为孩子多讲机智的故事，给孩子出脑筋急转弯，引导孩子看幽默的电影，或为故事和电影添加令人捧腹大笑的结局等，从而激发孩子的幽默感。

建议三：培养孩子的语言表达能力

培养孩子的语言表达能力，是帮助孩子成为幽默的人的必要条件。幽默的一个最大特点就是能够让人在诙谐的语言里大笑，这就要求孩子必须要具有很好的语言表达能力。

甜甜因为缺乏幽默感显得有些不善交际，很多时候，妈妈带她出去玩，她总会说一两句不合时宜的话，弄得大家都很尴尬，妈妈知道这是因为孩子头脑中的知识储备不够。

妈妈鼓励女儿多看书，丰富自己的知识和情感体验，并指导孩子学会变通，把书中的幽默恰当地运用到生活当中去。

一段时间以后，甜甜不仅言语变得非常生动、幽默，性格也变得更加开朗、乐观。大家都爱和她在一起，因为她能让大家感到快乐。

父母要让孩子涉猎多方面的知识，掌握更多的谈资，这样才会有更多的幽默；还要注意在生活中不断锻炼孩子说话的能力，提高孩子的语言素养。同时，要有意识地通过培养孩子的想象力来培养孩子的语言能力，常给孩子讲益智类的故事，充分挖掘故事中的幽默因子，从而达到使孩子幽默的目的。

父母也要勇于向孩子认错

教子案例

刘琳和妈妈一起骑车上街。经过一个路口时，妈妈看没有警察就直接闯红灯过去了。刘琳刚上幼儿园，她在后座上问："妈妈，红灯亮不是要停下来吗？是不是只要没有警察，我们就可以过去了？"妈妈暗自说：看来我是犯错误了。

回家后，妈妈主动对刘琳说："妈妈今天没有遵守交通规则，妈妈错了。希望你以后监督妈妈。"刘琳听后笑着说："妈妈，老师说过闯红灯很危险。你知道错了，还是好妈妈。"妈妈听后，也舒了一口气。她没想到自己认了错，反而得到了女儿的夸奖。

个案解析

父母也会在孩子面前犯错，能够勇于承认错误，才会得到孩子的尊重和信任。如果父母想教育孩子勇于认错，那么自己首先应以身作则，犯错后要勇于认错。

许多父母往往会因为要保存自己的颜面，不愿意承认自己的错误。他们宁愿加倍补偿孩子，也不愿意向孩子认错。还有的父母甚至坚信：我是父母，我做错了也不能说错，不然我在孩子心目中就没有了威信。父母死要面子不认错，导致孩子也认定，不认错、不悔改并非大事。

事实上，家长和孩子之间是平等的，如果父母错了选择认错，孩子会更愿意听父母的话。同时，父母的道歉，其实也是对孩子尊重和爱的体现。无论是父母还是孩子，只要犯错了，都要主动诚实地认错。

孩子是可以分辨父母的真诚和虚伪的。孩子再调皮，在面对父母真诚的道歉时，也会抱以真诚的感激。孩子会比成人更顾及道歉时的尊严是否得到维护，因此，父母不用担心自己会丢面子。相反，父母为了面子死不认错，反而会丢掉自己的面子，让孩子轻视自己。

如果父母能向孩子承认错误，不但会获得宽容和尊敬，还会使孩子更愿意走近自己。因为他感受到了爱、尊重和平等，这些都是孩子成长过程中所需要的。

专家给父母的建议

建议一：做孩子知错就改的榜样

父母主动承认错误，就是在做孩子知错就改的榜样。如果父母犯错后选择隐瞒、欺骗，孩子也会效仿。孩子有自己的是非观，如果发觉父母知错不改，就会瞧不起父母，同时也会觉得自己没受到尊重，父母明明做错了，误导了自己，却丝毫没有反应，这样会伤害孩子。

因此，父母要做孩子言行的榜样，在面对错误时，应该勇于检讨，主动向孩子道歉。

建议二：要直接当面向孩子认错

父母的道歉要直接当面说，不能拐弯抹角地向孩子示意。父母有悔意却不明说，孩子就得不到心理安慰，父母也不会对改错产生深刻印象，时间一长就容易旧错重犯。

父母犯错后，直接当面认错才能产生更好的效果。如果父母出于面子，躲躲闪闪、拐弯抹角，孩子心里会很不舒服。这样一来，父母的认错也就达不到预期的效果。

建议三：通过认错来维护“面子”

父母想得到孩子的敬重，就要先学会尊重孩子。如果父母选择主动认错，不仅能维护自己的“面子”，还会拉近与孩子之间的距离。很多父母害怕认错会丢“面子”，其实事实恰恰相反。

陈程和爸爸一起去医院看望爸爸的同事，爸爸在走廊里点燃了一支烟，陈程马上劝爸爸别抽。爸爸推了他一下说：“又没有医生过来，你怕什么。”正说着，一个医生走了过来。他对陈程的爸爸提出了批评，劝他赶紧熄灭。爸爸不好意思地向医生道歉。

陈程看到爸爸的窘态，便说："你还要向我道歉。"爸爸一想，觉得有道理，便很郑重地向儿子道了歉。陈程扑哧一声笑了，说："这才是我心目中的好爸爸，我刚刚是逗你玩的。"爸爸一听，就要掐他。行人见到这种情景，都很羡慕这对父子。

父母认错并不会丢"面子"，反而会博得孩子的尊敬及亲近。父母想和孩子搞好关系，就不能总摆父母架子。要知道，平易近人、知错就改的父母更受孩子欢迎。

建议四：为失约向孩子道歉

父母要做到言行一致，遵守承诺。如果父母因事失约，要向孩子解释原因并真诚道歉。父母最容易对孩子犯的错误就是开空头支票。父母如果对孩子开了空头支票，不要随便找个理由搪塞，这样会使孩子也变得不讲诚信。

如果父母能为失约向孩子道歉，就会让孩子更加重视承诺、更加信赖父母，父母的权威正是从这些细节中树立起来的。

建议五：要感激孩子的宽容

面对父母的道歉，孩子会更具宽容心。只有父母真心认错，才会得到孩子的感激与宽容。同时，父母面对孩子的宽容，也要表示感激。只有这样才会使亲子关系更加紧密。

刘敏 8 岁，已经有了自己的心事，喜欢写日记。爸爸出于好奇经常偷偷翻看女儿的日记。一天，刘敏气势汹汹地找到爸爸说："你是不是偷看我的日记了？"爸爸马上否认。女儿又说："那为什么我的日记本里有烟灰，我的书签还跑到另一个抽屉里去了。"

爸爸马上醒悟，自己忘了这个细节。他面对女儿的质问，也觉得错了，便诚恳地认错。女儿看到爸爸认错了却说："我不怪你了，你以后想看跟我说一声就行了。"爸爸也很吃惊：女儿宽容了他，于是非常感激地说："谢谢，爸爸以后再也不会了。"

父母道歉后获得孩子的宽容，也要对孩子表达自己的感激。孩子尚且能做到宽容，父母更应报以感激。其实，孩子比父母想象的要更懂事，他们疼爱父母，也真心希望获得父母的尊重与疼爱。

第四章

优秀是父母“夸”出来的

——赞赏和激励孩子的技巧

孩子生活在接受和认可之中，才会学会自尊、自爱和爱他人。好孩子是夸出来的。父母轻描淡写的一句夸奖的话、看似简单的一个爱抚的动作、富有深情的一个眼神、不露痕迹的一个暗示都会给孩子留下刻骨铭心的记忆，促使孩子从一个进步走向另一个进步。

赏识孩子的努力而不是聪明

教子案例

有一位到北欧某国做访问学者的人曾经经历过这样一件事：

周末，她到当地一位教授家做客，一进门就看到了教授5岁的小女儿。小女孩满头金发，漂亮的蓝眼睛让人觉得特别有神。她不禁在心里称赞小女孩长得真漂亮。

当她把从中国带去的礼物送给小女孩的时候，小女孩微笑着向她道谢。这时，她禁不住夸奖道："你长得这么漂亮，真是可爱极了。"

这种夸奖是中国父母最喜欢的，但是，那位北欧教授却不领情。在小女孩离开后，教授的脸色一下子就阴沉下来，对这位学者朋友说："你伤害了我的女儿，你要向她道歉。"

访问学者非常惊奇，说："我只是夸奖了你的女儿，并没有伤害她呀？"教授坚决地摇了摇头说："你是因为她的漂亮而夸奖她。但漂亮这件事，不是她的功劳，这取决于我和她父亲的遗传基因，与她个人基本上没有关系。但孩子还很小，不会分辨，你的夸奖会让她认为这是她的本领。而且她一旦认为生的漂亮是值得骄傲的资本，就会看不起长相平平甚至丑陋的孩子，这就给她造成了误区。其实，你可以夸奖她的微笑和有礼貌，这是她自己努力的结果。所以请你为你刚才的夸奖道歉。"

个案解析

上面这个例子告诉我们一个道理：赏识孩子的时候，只能赏识孩子的努力，而不应该赏识孩子的聪明和漂亮。因为聪明与漂亮是先天的优势，而不是值得炫耀的资本和技能，但努力则不然，它是孩子后天的行动，应该予以肯定。

作为父母，应该赏识孩子的勤奋和努力，对他们的勤奋和努力给予最热情的支持和鼓励。不要因为孩子的不聪明而气馁，应该为孩子的不努力而担心。很多情况下，父母应该故意淡忘孩子的聪明，而重视孩子的努力，并把这种理念传递给孩子，让他感觉到只有努力才能获得父母的认可和夸奖，进而逐步明白一个道理：聪明往往只能决定一时的成败，而努力则决定了一生的命运。

有时候，也许孩子所取得的结果是错误的，但是其所付出的努力和收获却是宝贵的。例如，一道比较难的数学题，孩子通过冥思苦想，终于想出了计算方法。当他运算的时候，却因为马虎，算错了一个数字，最后导致整个题目的结果错了。这时，父母首先该怎么做？是训斥孩子算错了，还是表扬孩子找到了解题的方法。许多父母可能会首先想到前者，他们只看到孩子的结果做错了，而没有看到孩子做事过程中的努力与收获。所以，建议父母们，每当你觉得孩子错了，想骂他、打他的时候，一定要从另一面去"发现"孩子的努力。

赏识孩子的努力和勤奋，告诉孩子成功与失败并不是对立的，它们不过是一种比较，有时，成功只是比失败多了一点点，只要努力与勤奋，就是在不停地前进。

专家给父母的建议

建议一：为孩子设定"小目标"

不要认为赏识一定就是要拼命夸奖孩子，其实针对孩子的实际情况，为孩子设定一个"够得着"的小目标，并表扬孩子通过个人努力实现这种小目标的行为，才是一种有效的赏识，而且这种情况下的赏识不会产生"副作用"。

设定一个合适的目标。"跳一跳，够得着"是很好的形容。如果孩子不需要跳就能够得着，那就失去了目标的意义。但如果跳起来也够不着，那就不能让孩子获得成功和自信，反而可能让孩子感觉沮丧。

建议二：强化孩子的目标意识

让目标在孩子心中扎根。比如可以把目标写在悬挂在墙上的黑板上或者用彩色纸写了贴在墙上。如果目标有一定的时间限度，那么再给孩子一本

“目标日历”,显著地标明目标应该完成的那一天。父母要相信孩子能够达到这个目标,并鼓励孩子努力去实现这个目标。

建议三:不要过分强调孩子的潜能

强调孩子“你一定能行”这种办法对一部分孩子管用,而对另一些天性比较胆怯的孩子来说,可能反而会增加其心理负担。因而,父母不要过分强调孩子的潜能,而要鼓励他的努力。

建议四:学会用激将法激励孩子

比如,有一种游戏是走吊桥,吊桥晃来晃去,有一部分孩子走了过去,但还有部分孩子很害怕,站在桥上不敢动弹。这时,父母不妨走过去,对孩子说:“孩子,你看你的朋友小强已经走过去了,我相信你一定不会输给他,一定可以走过去。”让孩子处于一种必须靠自己的力量克服困难的境地。

赏识孩子的努力和勤奋是一种重要的激励手段,它之所以有效,一个重要的前提是每个孩子都希望讨父母欢喜,每个孩子都信任父母的权威。赏识孩子的努力和勤奋,孩子从父母那里得到肯定,跟父母的关系自然就会更融洽,也会减少许多不听话的行为,从而去努力做事。

及时赏识孩子的每一个进步

教子案例

12 岁的聪聪有个令人讨厌的坏习惯,她每天放学一回到家就把书包、鞋子、衣服乱扔乱放。虽然偶尔她会按照妈妈的要求把东西整理好,但是大多数情况下,还是乱糟糟的。妈妈很是头疼,想了很多方法可是都没有奏效。妈妈决定采用别的教育方法。

这天,聪聪的妈妈见到女儿的房间刚刚整理好,便立即走上前拥抱了她一下,并夸奖她能干懂事。很快,孩子的脸上便露出了骄傲的笑容。只是将东西摆放整齐就可以得到妈妈的夸奖，于是她以后每天都收拾得整整齐齐的。而妈妈也记得每次孩子有了进步时都及时地给予表扬，满足孩子小小的"虚荣心"。

▲ 个案解析

孩子正处于成长期，生活中的好习惯和坏习惯是同时存在的，如何让孩子保持好习惯，矫正不良习惯是很多父母头疼的事。如果发现了孩子的好习惯就立即给予夸奖，教育就会变得相对轻松。夸奖能培养孩子积极的心态，这种心态对孩子继续发扬优点尤为重要，对激励孩子改正缺点也必不可少。

父母都懂得量变引起质变的道理，积累大量细微的进步，才能产生质的飞跃，孩子才会有更大的变化。父母千万别觉得孩子的进步太小，不值得一提，那样会让孩子觉得自己的进步得不到父母的承认，是不是白费了啊？长期下去，孩子就会失去前进的动力。所以，只要孩子有所进步，父母就应给予建设性的夸奖。没有进步，就给予真诚的鼓励。

父母还必须清楚，孩子的思想逻辑还很简单，他们还认识不到事情的前因和后果是紧密联系在一起的，所以，对于孩子而言，及时的赞美更为必要。否则，父母夸奖孩子，孩子却纳闷，弄不清自己为什么会受到夸奖。这种类型的赞美其实对于促使孩子进步起不到预想的效果。父母要想培养孩子的某种好习惯，就要及时在这件事情刚结束时对其进行表扬，让孩子自己强化夸奖给他带来的心理上的满足感。

只要父母用心去观察，就会发现孩子有很多地方值得夸奖，同时孩子的耐心是有限的，也许他没等到父母的夸奖就没有心思了。因此，父母发现了孩子的进步，就不要吝啬夸奖，也不要拖延时间。

专家给父母的建议

建议一：肯定孩子的努力

得到别人的夸奖是每个人的心理需求，对于成人都如此，更何况还处于成长期的孩子呢？孩子稚嫩的心灵更需要父母及时夸奖的滋润。

诺诺是个不太勤快的孩子，有时候连父母都拿他没办法。可自从上学后，父母就觉得他变了不少。这天吃完饭，他自告奋勇地去刷碗。他也想好好在父母面前表现表现。可是诺诺不小心把碗给打碎了，他战战兢兢地看着妈妈，妈妈与他相视一笑，走过去拍着他的肩膀说："孩子，你已经很不错了，知道给大人帮忙了，我们也看见了你的努力了。做事要小心，别伤了自己。"诺诺的心一下子就轻松了。

如果当时父母批评孩子做事不小心，他的心里就会留下阴影，很可能以后就不敢这样去尝试了，但是父母肯定孩子的努力，而不是责备孩子不完美的做事结果，及时地夸奖他，就会收到很好的效果。

建议二：夸奖要有创意

父母对孩子的进步要给予细致具体的夸奖，让孩子清楚地明白自己什么地方做得好，强化孩子的意识，以便能长期保持下去。这不仅能增加孩子对父母的信任，也能加强夸奖的效果。

畅畅酷爱打乒乓球，在学校举办的小学组乒乓球赛中，他取得了第一名的好成绩，可是他得的第一名太多了，每次比赛后都会赢得别人的夸奖。同学说："有了你，咱班的乒乓球比赛就所向披靡了。"老师说："以后比赛咱班就靠你了。"久而久之，畅畅对别人这样的夸奖似乎无动于衷了。

一天，畅畅回到家，觉得疲惫不堪，妈妈对他说："孩子，你今天的发型挺帅的。"这可是畅畅第一次听到有人夸自己发型帅，他顿时忘记了疲惫。这正是因为妈妈注意到了别人没有注意到的细节，让他感到很兴奋。

父母在表扬孩子时，要突出细节，抓住细微处，寻找新的突破途径。对孩子的细节进行夸奖，会让孩子觉得父母对他很重视，从而调动起孩子的积极性。

建议三：讲究夸奖的方式

父母要想取得好的教育效果，就必须讲究夸奖的方式。恰当的夸奖方式能培养孩子的上进意识，不恰当的夸奖方式会使父母的赞赏变味。

今天是可可 6 岁的生日，亲戚朋友送给了他许多生日礼物，有布娃娃、机器人、小贺卡等，可可心里挺高兴的，但是让他觉得最好的生日礼物却是妈妈的那句话：可可这一年的进步特别大，完全就是个小大人了。不仅学习有了进步，还懂得帮妈妈做家务。可可心里乐滋滋的。吃完饭，他主动帮助妈妈整理餐桌。妈妈趁机拿出他喜爱的奥特曼作为额外的奖励。

一个微笑，一个拥抱，为孩子购买他喜欢的书籍、衣服、玩具，胜似无数句言语，是对孩子最好的奖励。只要父母掌握这些简单的方式，就会让教育的效果变得更好。

建议四：深入了解孩子的心理

父母要理解孩子渴望得到父母夸奖的心情，同时要深入了解孩子的心理，要识穿孩子为了得到夸奖弄虚作假的行为，然后趁机鼓励孩子纠正侥幸的心理。有所成绩再及时加以夸奖也为时不晚，而且效果可能会更好。

东晋著名书法家王羲之的儿子王献之，从小受父亲的熏陶，爱好书法。他在父亲的指导下勤学苦练，几年后，他的字大有进步，很多人都夸他写得好。在一片赞扬声中，王献之以为自己的字和父亲的字不相上下了，开始骄傲起来。

父亲平时对献之的要求特别严格。他不允许儿子投机取巧，敷衍了事。一天，献之模仿父亲的字样写了几行字，送到父亲的书房。心里本来以为父亲会夸奖他的。没想到王羲之看后，拿起笔在一个“大”字下面加了一点，变成了“太”字，随即一言不发地还给了献之。

献之委屈地离开父亲的书房。他不明白父亲的意思，但又不敢多问，只好拿着写的字去找母亲。母亲仔仔细细地看了一遍献之写的字，指着“太”字下面的一点说：“几行字，只有这一点像你父亲写的。”献之听了，觉得自己太无能了。这时母亲耐心地对他说：“孩子，练习写字，必须下苦功夫。你父亲年轻的时候，先用四五年的时间虚心临摹诸家的字样，把别人的特长融会贯通，然后才形成了自己独特的风格。为了练字，你父亲不管走路还是休息，一直用手在身上一横一竖地比画，揣摩字的笔画结构。日子长了，把衣服都画破了。他在练习书法时，因为写完字常到一个池里洗笔和砚台，后来池水全变黑了。他练字练得入了迷，连饭都忘了吃。有一次，家里人把蒸馍和蒜泥放到他面前叫他吃，可我到书房一看，只见他拿了一块蘸了墨汁的蒸馍正在吃呢，弄得满嘴乌黑。原来，他一心想着练字，错把墨汁当蒜泥了。孩子，做任何事都不能好高骛远、骄傲自满、要勤勤恳恳、踏踏实实、一步一个脚印才行。”

献之听了母亲的教导，每天刻苦练字。几年后的一天，他趁父亲外出，又写了一幅字贴在墙上。王羲之回来一看，以为是自己写的，可想了半天也记不起是什么时候写的。一问才知道是出于儿子之手。这次他对着儿子笑了。

上面的例子教育父母：对孩子的要求要严格一些，告诉孩子通过自己的真才实学取得进步，父母会毫不犹豫地送上夸奖。

要善于挖掘孩子身上的闪光点

教子案例

功功不喜欢学习，但他热爱劳动，生活自理能力强，对别人也很关心……有不少突出的优点。功功的父母却看不到功功身上存在的这些优点。在他们的眼中，功功的成绩不好，就一切都不好。功功因为成绩差，经常受到父母的批评和无端指责。

有一次，功功正在收拾自己的房间，并且找出了脏衣服准备去洗，他的妈妈走进来，一把夺过功功手中的脏衣服说道：“谁让你整理房间了？谁让你洗衣服了？不想学习就拿这些事当幌子，没有一点出息！告诉你，成绩不好其他方面再好也没有用，赶快去学习。”功功在妈妈一番无端的数落下，不高兴地坐在书桌前，心却并没有放在学习上。他想不通妈妈为什么只看重自己的学习，只盯住自己的短处，并且因此把自己所有的优点都抹杀了。

后来，在妈妈这样的指责下，功功的成绩不仅没有提高，反而下降了不少，同时，功功的那些优点，也慢慢地变没了。

个案解析

生活当中，随处可听见父母对孩子的批评、指责。这不是因为孩子身上缺点多，优点少，而是父母总习惯于发现孩子的缺点，并且放大孩子的这些缺点，忽略了孩子身上的优点。如上例中的功功，虽然具有值得称赞的很多优点，但因为学习不好，其他的优点在父母的眼中也都成了缺点，成了父母指责的对象。

每个父母都望子成龙，都希望孩子出类拔萃，希望孩子身上的缺点越少越好，希望孩子能早点改正缺点。但是，孩子都希望得到父母的赏识，不愿意听到父母的批评。受到赏识的孩子会更加自信、积极，以后会做得更好；受到批评的孩子会产生自卑的心理，还会产生与父母对立的情绪，产生破罐子破摔的想法，像上例中的功功一样，优点消失了，缺点更严重，最后与父母的愿望大相径庭。

其实，孩子将来的成功，依赖于很多的因素，不只是成绩一个方面，还与孩子各方面的能力、素质、品质等有关。孩子的优点，只要父母细心观察，就会随时有所发现，哪怕是在孩子的缺点中，都能找到优点的藏身之处。

父母要善于发现孩子的优点，并且把这些优点放大去看。不管是从孩子缺点中提取的优点，还是孩子很小的进步，都要及时提出来，对孩子加以表扬，以此增加孩子的兴趣与自信。父母应鼓励孩子把优点发扬下去，引导孩子把缺点变成优点，激励孩子挖掘自身的潜力，帮助孩子打下走向成功的基础。

每个孩子都需要父母的赏识，缺点多的孩子更是如此。父母要有善于发现孩子优点的眼光，并且放大孩子的优点进行表扬和激励，最终会使平凡的孩子变得优秀，优秀的孩子更加杰出。而不要像上例中功功的妈妈那样，抓住孩子的缺点不放，把孩子的优点也当缺点去批评，这样将会毁了孩子的一生。

专家给父母的建议

建议一：不要拿孩子的短处与别人的长处比较

晶晶10岁，上小学四年级，各方面表现都很突出。晶晶之所以如此优秀，与父母对她的良好教育方式分不开。晶晶以前的成绩不是很好，并且做事总是慢慢腾腾的，但晶晶的父母没有采取拿自家孩子与别人的孩子进行比较的错误做法。对晶晶并不是很好的成绩和做事磨磨蹭蹭的习惯，从不加以指责，只是适时鼓励孩子好好学习，教给她科学的学习方法，告诉孩子时间的重要性，督促她提高做事情的速度与效率。晶晶在父母良好的引导下，慢慢地认识到了自己的不足，并积极地加以改正，成绩逐渐提高了，做事的速度也快了，成了一个各方面都比较优秀的孩子。

父母如果经常拿孩子的弱点与别人的优点进行比较，所看到的就都是孩子的缺点，然后对孩子横加指责，这样对孩子不公平，相对采取的教育方式也不科学，有害而无利。父母应该更多地发现孩子的优点，对孩子进行赞赏与鼓励，才能激发出孩子潜藏的美好一面。

建议二：眼光要关注孩子的长处

父母具有发现孩子优点的眼光，就能够从孩子的平庸之处发现闪光点，并经常对孩子的优点进行赞扬与鼓励，这样会使孩子心情愉悦，健康快乐。

小奔是小学三年级的学生，活泼好动，爱说爱笑，是个性格很开朗的孩子。小奔同别的孩子一样，优点与缺点并存。但在小奔父母的眼里，他却是一个独一无二、谁都不能与之相比的好孩子。小奔的父母有发现孩子优点的眼光，并经常对孩子进行夸赞。在父母赏识的眼光中，小奔自我感觉良好，对任何事情都十分自信，笑意经常挂在脸上，是一个十分快乐的孩子。

父母多关注孩子的长处，并及时进行表扬和鼓励，让孩子在快乐的心情下做事，任何事情都会变得有滋有味。

建议三：从小事中发现孩子的长处

孩子某一方面的天赋或长处可能自己发现不了，如果父母也不能及时发现，就有可能把孩子的优势埋没了。所以，父母应该仔细观察，从小事中发现孩子的长处并鼓励和培养孩子往这方面发展。

小容是小学五年级的学生，作文特别好，曾在一次全国性的小学生作文比赛中得过二等奖。小容的作文成绩有今天这么好的成绩，与妈妈从小事中发现她的写作天赋分不开。

小容在小学二年级的时候，就会经常随手写一些东西，比如一些感想，对同学的看法，对老师的评价，等等。小容的妈妈发现后，感觉到女儿有写作的天赋，就鼓励她多写，并且给女儿买了一个硬皮笔记本，把她所写的东西都收集起来。

经过三年的写作积累，小容取得了不俗的成绩，对写作的兴趣更高了，还雄心勃勃地计划将来写一部长篇小说。

像小容妈妈这样的做法，让孩子得到了锻炼，增强了自信，一旦以后有了施展的机会，就能帮助孩子更快地取得成功。

建议四：从缺点中发现孩子的优点

孩子往往优点与缺点共存。在孩子的缺点中，家长要善于发现优点，在赞美孩子优点的同时引导孩子改掉缺点。

昌昌今年7岁，是个做什么事情都慢腾腾的慢性子，有时虽然父母对他百般催促，他依然是慢条斯理地去做，父母急了，强行中断孩子手头的事，但是昌昌很倔强，一定要把它做完。

后来，昌昌的父母认识到孩子“慢”这个缺点中的一个优点，就是昌昌不管去做什么，都会把它完成，哪怕最后一个步骤，也都会很认真地坚持到底，而且，他往往每件事都做得很好。从这之后，昌昌的父母不再指责他的慢性子，相反还会赞扬他锲而不舍的精神，赞扬他认真的态度，也引导他注意提高效率。昌昌在父母的肯定与引导下，做事情不但坚持到底，而且速度也慢慢地提高了。

孩子得到了父母的肯定，就会感到很高兴，对父母所提的改正缺点的意见，也会易于接受而去努力改正，这比一味地对孩子的缺点进行指责效果要好得多，同时也能帮助孩子把优点保持下去。

建议五：发现孩子的优点并放大去看

父母要善于发现孩子的小优点，并通过夸赞放大它，孩子就会慢慢地把优点放大。

贾刚勇的父母非常善于发现孩子身上的优点，并且放大去看，这一做法使孩子可能消失的细小优点变成了实实在在的大优点。

贾刚勇注意力不集中，很容易被外界的东西吸引，上课也不能专心，他的父母很着急。有一次妈妈发现儿子看漫画很专心，并且很长时间注意力都非常集中，这令她很开心，并且告诉儿子他比同龄小孩子的注意力更强、专注时间更长，同时还鼓励他排除外界的干扰，把这个优点发挥出来。贾刚勇听后，自觉地按照妈妈所说的去做,慢慢地就能够集中注意力去做事情。

称赞孩子的优点会给孩子一种成就感,父母发现孩子的优点并放大去看,孩子就会有更大的成就感,从而也会更有动力去继续努力。

在别人面前赞扬孩子

教子案例

孔令剑今年7岁,是一个活泼可爱的小男孩,他的父母都是农民。有一次,妈妈带着他去城里的大姨家做客。大姨家的女儿比孔令剑小2岁,看见孔令剑母子后,就走上前甜甜地叫姨妈和哥哥。孔令剑因为来到陌生的城市,一时难以适应,看见姨妈与表妹时也不敢上前打招呼,只躲在妈妈后面不吭声。

孔令剑的妈妈看到这情景,就夸孔令剑的表妹有礼貌,批评孔令剑虽然比表妹大,却没有表妹懂事。妈妈对表妹的表扬,对自己的批评刺激了躲在后面的孔令剑,他站出来对着妈妈嚷道:“我怎么不懂事了?你就知道夸别人,别人再好也不是你的孩子。”这话使孔令剑的妈妈大吃一惊,她没有想到儿子竟然说出这样的话,让自己下不了台。

她自嘲地对姐姐说:“你看这孩子,这么小,不懂事还不准别人说,真是没见过世面的乡下孩子,与城里的孩子没法比。”孔令剑听着妈妈的话,气呼呼地表示不服气。这件事情过去之后,原本活泼可爱的孔令剑变得沉默寡言。

个案解析

每个孩子都有自尊心,尤其是在别人面前,自尊心表现得更加敏感。所以,父母要多在别人面前表扬孩子,而不要当着别人的面批评孩子。像上例中孔令剑妈妈的做法,严重地伤害了孩子的自尊心,给了孩子不良的心理暗示,使孩子以后真的朝着父母批评的方向发展。

有的父母夸赞别人的孩子，贬低自己的孩子，是出于恭维、客套，而不是因为自己的孩子真的比别的孩子差。但孩子却不知情，认为父母喜欢别的孩子而讨厌自己，以为自己真的不如别人，这些都会在孩子幼小的心里留下不可磨灭的创伤，阻碍孩子健康地成长。有些父母夸奖别人的孩子，批评自己的孩子，可能是认为自己的孩子某个方面真的不如别人，有种恨铁不成钢的感觉。但孩子都有自尊心，父母这样做会伤了孩子，不仅起不到激励孩子的作用，相反还会使孩子越来越叛逆。

因此，父母要在他人面前多赞扬孩子。如果孩子听到父母当着别人的面表扬自己，自尊心不但得到了满足，而且会增加自信，朝着好的方面更加努力。如果父母当着别人的面夸赞孩子好的方面，会使别人对孩子留下好的印象，由此会对孩子投射出赏识的眼光，也间接地鼓励了孩子。父母夸赞孩子还有一定的技巧，如孩子不在场却能知道父母在别人面前夸赞了自己，这样孩子会更加高兴，知道父母是从内心赏识自己，从而能激励孩子产生无穷的力量，快速地朝着父母所希望的目标前进。

父母当着他人的面夸奖孩子也应有度。不论什么时候，见了任何人都对孩子进行赞扬，这样做反而对孩子的成长不利，也会引起他人的反感。同时，在夸奖孩子时要实事求是，不可夸大其词。但更不能像个案中孔令剑的妈妈那样，当着别人的面贬低自己的孩子，这些都不利于孩子的成长。

专家给父母的建议

建议一：在他人面前赞扬孩子要注意时机

父母在他人面前赞扬孩子，不是什么时候都合适，什么场合都适用，所以一定要讲究时机和场合。

申青龙与邻居家的孩子是同学，两人都参加了运动会比赛，报的是同样的项目——200 米短跑。开运动会那天，申青龙的父亲同邻居孩子的父亲都来观看他们的比赛。最后的结果是，申青龙得了第一名，那位邻居家的孩子得了第三名。

申青龙的父亲看到孩子的成绩很高兴，邻居家孩子的父亲，对着申青龙父亲夸赞说："这孩子跑步真快。"申青龙的父亲高兴地接过话说："我儿子跑得当然是最快的，将来肯定能进国家队！"申青龙的父亲说得不亦乐乎，甚至有点手舞足蹈，今天孩子良好的表现，使他由衷地赞扬了孩子。可他的话却深深刺痛了邻居，因为他的孩子成绩不如申青龙，场面随后变得异常尴尬。

所以，父母在称赞孩子时，需要根据当时当地的具体情况，切合实际地去赞扬，这样显得既得体，又能起到激励孩子的作用。

建议二：在他人面前表扬孩子要实事求是

孩子各方面的情况，父母最清楚。孩子突出的表现，父母应该在他人面前夸赞，但在夸赞的时候，千万不能言过其实，而要实事求是。

孙静雪是初一的学生，她是个各方面进步都很快的孩子，在同龄孩子中表现得比较优秀、突出。孙静雪之所以如此出色，有很大一部分原因是她的父母喜欢表扬孩子。孙静雪的父母不管孩子在哪方面有了进步，他们都会当着外人的面夸赞孙静雪的进步。但他们的表扬从来都是实事求是，从不夸大其词。这样别人听到不至于反感，同时还能树立孩子在他人心中的正面形象。因为夸赞得实事求是，孙静雪知道了自己的进步所在，也明白自己有哪些不足，就努力地朝更好的方向发展，争取更大的进步。

实事求是的表扬方式，让孩子在增加自信的同时，也不会滋生出故步自封的骄傲心理。

建议三：在他人面前夸奖孩子要把握住度

孩子取得了优异的成绩或者有什么特殊的能力，父母可以在别人面前夸奖自己的孩子，以此增加孩子的动力，提高孩子的公众形象。但是，夸奖孩子应该有个度，不是夸的次数越多越好，否则会让听者与孩子都感觉到厌烦。

刘梅最近一段时间很讨厌妈妈，原因是妈妈总在别人面前夸奖她上次竞赛的成绩。有一天，刘梅正在写作业，又听到妈妈向邻居夸奖自己的竞赛成绩。那个邻居还没有等刘梅的妈妈说完，就接过话头说："我知道了，你这已经是第三次说了。"刘梅的妈妈尴尬地笑了笑，说："哦，我忘记了。"

刘梅听后很生气，等邻居走后，她不高兴地对妈妈说："你以后不要老在别人面前夸奖我了。这不是给我面子，而是让我很尴尬。你若是再这样，我就不再好好学习了。"

过犹不及，对孩子的夸奖也是如此，夸奖得过多反而会让孩子不舒服，这样就会起到相反的教育效果。

建议四:在他人面前赞扬孩子最好让孩子听到

父母在别人面前赞扬孩子的时候,尽量让孩子听到,而孩子却以为父母不知道自己听到了父母的话,这样的效果会比当着孩子的面夸奖更好。

谢春风的数学成绩以前不太好,但是经过努力,现在进步了不少。一次,谢春风的父亲在客厅里与邻居聊天,各自都谈起了自己的孩子。谢春风当时就在隔壁房间里学习。父亲知道儿子能够听到他们的谈话,于是在谈起谢春风时故意夸奖孩子道:“我们家的春风以前数学成绩不太好,不过这段时间非常努力进步了不少,以后再努努力,数学成绩应该还会大幅度提高,到那个时候,我相信孩子考好大学应该没有问题。”谢春风听着父亲的赞扬,心里很得意,他暗自下定决心,一定要努力学好数学,不令父亲失望。

通过这种方式的赞扬,孩子感觉到父母对自己的赞扬是发自内心的,是真正赏识自己的,所以为了回报父母,孩子会加倍努力。

建议五:表扬别人的孩子时不要忽略自己的孩子

父母看到别人的孩子表现突出时,都会情不自禁地加以称赞,但不能因此忽略了自己的孩子。

妈妈带着胡大鹏参加了一个少年智力竞赛活动。竞赛中,在一个较难的项目上,一个女孩很巧妙地闯过了关,而胡大鹏却费了很大的劲儿,用了很长时间才通过。活动结束了,胡大鹏和妈妈正好与那个巧妙闯关的女孩和她的妈妈同路,四个人在路上有说有笑。在提到活动的时候,胡大鹏的妈妈由衷地表扬那个女孩很聪明。

那个女孩听后很高兴,响亮地说了声“谢谢”,胡大鹏的妈妈转头看了自己的儿子一眼,又夸奖他道:“大鹏做得也不错,虽然时间用得多,但毅力可嘉。”胡大鹏刚听完妈妈表扬那个女孩,心里正不是滋味,后来听到妈妈对自己的表扬,脸上又展开了笑容,他对妈妈说:“我会吸取这次的教训,下次提高速度,争取第一。”

父母应该在表扬别人的孩子的时候,也设法对自己的孩子的长处加以夸奖,使孩子不产生自卑心理,不因此而泄气,而是继续努力,不断争取新的进步。

不要随便拿孩子和别人比较

教子案例

明明在妈妈的陪同下走进了心理咨询诊室。在诊室里，最激动的要算明明的妈妈，妈妈一说起明明的学习就特别激动。“我们做父母的为了什么？舍不得吃舍不得穿，还不就是为了他吗？可你让他自己说说，他就是不给我们争气。你看，我们邻居家的孩子，比他还小一岁，学习从来就没让父母操过心！我横看竖看，我们明明不比那孩子差到哪啊？别人行，他为什么不行？”明明妈妈焦急地对咨询师这样说道。

在咨询过程中，专家了解到，除了在学习上对孩子要求严格外，生活上明明的爸妈真可算是无微不至了。可是，明明和父母却怎么也亲近不起来，并且，他们尴尬的关系近来越演越烈，他常常顶撞父母，这一次，他竟然和父亲动起了手。

事情的起因是这样的，这次月考，明明在班上排名第 15，年级排名第 68，进入了前 100 名，总的来说，明明应该是进步了。因为上学期期末，明明在班上的名次是第 25，年级名次是第 152。

可是，今天下午，满心欢喜的明明回到家，并没有得到父母的鼓励，而是被父亲狠狠地训了一顿：“我像你这么大的时候，想上学还没条件呢！可我们为你创造了这么好的学习条件，你就这么来回报我们？你看看人家龙龙，为什么人家能考第一，你就不能考第一？你真让我们失望……”

“又来了，我就没有让你们满意的时候。你说，你们啥时候说过我好？反倒把龙龙总挂在嘴边。是不是他是你的儿子，我不是？”明明的话激怒了父亲。

在与明明的单独交流中，明明告诉心理医生说：“我经常都不知道自己在想什么，也不知道自己想要什么？好像从记事时起，我的父母就不断地拿我和别人比较，尤其在每次开完家长会后。既然他们认为别人好，就让别人做他们的儿子好了。再说我不是不想学好，我也在努力，可为什么我的成绩他们都看不到呢？我甚至都不想再待在家里了，我讨厌我的父母，讨厌任何人。为什么他们都不能了解我呢？”

▲ 个案解析

多数做父母的，都会有这样的经历，在街头、角落里，看到或听到这样的话语和场景：父母正对着自己的孩子，大声呵斥，毫不留情：“你看你这个孩子，一点都不听话，你看人家××，跟你一般大，可人家又听话，又聪明，你什么时候能像人家一样？你怎么就如此不争气呢？”

父母的这种教育方法，容易使孩子产生挫败感，不利于培养孩子的自信心。第一，对父母树立的榜样，孩子从心里是不服气的，也就不会接受。第二，会使孩子永远有够不着的感觉，因为会不断有新的榜样出现在他面前。面对这样的父母，心理素质好的孩子也许扮个鬼脸或赌气不理会，可心理素质差的孩子，就会产生排斥或逆反心理，即使嘴里不说，可心里却十分痛恨。

有研究显示，在影响孩子心理健康的因素中，家庭环境和父母的教育方式是最重要的。父母老给孩子树立榜样，总是拿自己的孩子和别的孩子比较，这种家庭教育方式相当普遍。在社会心理学家看来，比较在一个人的心理发展上具有两种重要功能：一是认识自己。人很多时候都是在与其他人的交往过程中进行比较认识自己的，所以，每个人都是以他人为“镜”的。二是确立目标。人都需要在与其他人的比较过程中找到自己的人生目标和努力方向。

可父母这种比较其实是一种盲目的心态，主要表现在三个方面：

一是不了解孩子的发展动力。在孩子的成长过程中，作用于孩子心理的有外驱力和内驱力两种，外驱力来自环境，内驱力则是孩子内心深处的需求，即孩子在成长中所树立的价值观和形成的追求目标，而外驱力则剥夺了孩子自身的能动性，使孩子在人生的旅途上成为一名乘客而不是司机。

二是忽略了孩子成长的个性因素。每个孩子都是独立的个体，和其他孩子没有太多的可比性。

三是不懂得不同家庭的教养方式也会培养出不同的个体。

如果在比较的过程中，父母对孩子抱有不切实际的过分期望，孩子总也达不到父母的要求，父母就会否定孩子，进而发展到孩子的自我否定。于是，孩子在成长中遇到困难就会恐慌、退缩，进而对孩子的心理造成伤害。

以上案例中的家庭关系非常典型，在教育孩子的问题上，父母尽心尽力，出发点也是好的：我们不能照顾他一辈子，他现在不努力学习，将来不能找个好工作，等我们万一离开他怎么办？于是，在实际生活中，为了督促孩子学习，明明便自然地成了与别人比较的对象。

明明的父母好像也没有错：我们并没拿那些伟人来和他比，因为这太不现实。我只是和他身边的孩子，和他一样的普通孩子来对比，大家都是头脑健全的人，如果人家行，你却不行，那他们就认为是自己的孩子努力还不够！可这种比较给明明带来的心理压力是父母无法想象的。

专家给父母的建议

建议一：教孩子学会反问自己

父母要教会孩子学会反问自己，以此更清楚地认识自己，从而更加努力地提高自己、完善自己。

可引导孩子这样问自己：我现在各方面表现如何？有什么优点？有什么缺点？跟上个月（或上个星期）比较哪些方面有进步？哪些方面有退步？我该怎么办？我有决心再上一个新台阶吗？我是否应该听取父母的意见？是否应该征求老师、同学的意见？

建议二：用欣赏的眼光看待孩子

父母用欣赏的眼光去看待孩子，并教会孩子去发现别人的长处，真诚地赞赏他人。

一位专家曾经谈到这样一个奇怪的现象。他说他有一次对中国与外国的几十个孩子一起进行某项测验，测验后的分数让孩子分别拿回家给各自的父母看，结果中国的父母看了孩子的成绩后，有90%表示不满意，而外国的父母则有90%表示满意。而实际成绩又是怎样的呢？

实际上，外国大多数孩子的成绩还不如中国孩子。这个测验说明中国的父母习惯用挑剔的眼光来看待孩子、别人和世界；而外国父母则习惯用欣赏的眼光看待孩子、别人和世界。

建议三:承认孩子永远是最好的

很多父母望子成龙的心太过迫切,他们似乎容忍不了孩子的暂时落后与某次考试成绩平平,往往把自己急躁的心情和内心的焦虑释放在孩子身上,但这样做常常会适得其反。要学会欣赏孩子,人与人之间是无法比较的,你应该相信你的孩子永远是独一无二的,是最好的、最优秀的。

建议四:让孩子显示出能力来

社会对人的能力要求已经达到了苛刻的程度,孩子也未能幸免:你会自己系鞋带了吗?你会弹什么乐器?考过几级了……日常生活不可避免地给父母和孩子的生活塞满了太多的“斤斤计较”,那么父母可以为孩子做些什么呢?其实父母能做的并不复杂:无论在学校里还是在家里,父母应当注意孩子的兴趣变化,根据孩子的个性,循序渐进地引导孩子,使其健康地发展。

孩子的厌倦心理和好奇心一样强烈,所以也不能信马由缰,一旦发现了孩子某方面的天赋,就要给予一定的引导,让孩子学会持之以恒,因为学习习惯是需要培养的。在特长的培育中,孩子可以确立自信——我有与众不同之处。

所以,遇到问题时,父母不妨冷静下来,即使孩子现在还不能让父母满意,但要学会等待与忍耐,不要过于心急,以一颗谦卑的心来面对生活,学会多想想孩子的好处,感谢孩子给自己带来的幸福和快乐,不要老想他这不好那不好。父母要调整好自己的心态,少责骂批评孩子,多给予他们赏识与鼓励,他们才会有信心继续前面的人生路,最终获得精彩的人生。

勿把物质奖励当做表扬手段

教子案例

天瑜今年刚上初中,成绩不太好。对此,父母有点困惑,因为孩子上小学的时候，成绩还是不错的。

刚上小学的时候，天瑜的成绩只有中等，每天到处疯玩。为了“激励”孩子，妈妈制定了一个金钱激励方案：每次单元测验，以90分为基准，超出部分以每分3元进行奖励；低于90分的部分，天瑜必须付钱给父母，80～90分，0.5元/分；80分以下，1元/分。

在妈妈的金钱激励下，天瑜开始努力学习，并且每次都能拿到父母的金钱奖励。拿到金钱奖励后，他也越发勤奋、认真地学习了。

但这一切，都在天瑜上初中后改变了。天瑜不能很好地适应小学到初中的变化，从心里厌恶学习，而父母还用金钱激励来教育他，使他不胜其烦，多次要求取消这种方式。

个案解析

在现代家庭中，越来越多的父母开始运用金钱来“激励”孩子。于是，孩子小心翼翼地顺着父母，向着金钱诱导的方向前进，即使他们有自己的想法和意见，也不会轻易提出来，因为那可能意味着金钱的减少。

除此之外，利用金钱激励孩子认真学习的方法，也存在诸多弊端。一般来说，父母通过孩子的考试分数来决定金钱奖励数目，但是，有时考试分数并不能准确、全面地反映出孩子的学习情况。当孩子认真学习，但是没有取得理想的分数时，他们就会觉得不公平，然后极有可能伪造成绩单或者做出其他弄虚作假的行为。

根据现代教育理念对于学习的解读，真正的学习，是引导孩子积极探索知识，主动建构自己的知识体系。当考试分数与金钱奖励挂钩时，孩子们当然不会将精力放在建构知识体系上，而会千方百计地想考取好分数，以获得更多的金钱，这是学习功利主义的典型表现。教育学家指出，教育的功利化对于孩子主动学习的影响是致命的，当为了金钱而争取好分数成为孩子的追求目标时，他们也会离真正的知识与学习越来越远。

另外，有些父母利用金钱来“激励”孩子做家务，有许多教育学家认为，运用这种方式，可以让孩子明白赚钱的辛苦。但是在运用金钱“激励”孩子做家务时，父母不应该忘记培养孩子的责任感。如果不问家务活动的种类、强度，一味地用金钱来“激励”孩子，往往会使孩子丧失起码的责任心。

其实在孩子的心目中，并没有那么看重钱。许多孩子表示，他们更希望父母把与他一起去动物园游玩等作为奖励。但是在家庭教育中，许多父母却选择了“金钱”这种错误的激励方式，使亲子之间的关系转化为一连串冷冰冰的“账目”，这不仅是教育的悲哀，更是一个民族思想的悲哀。

专家给父母的建议

建议一：让孩子从学习中感受乐趣

真正的学习，是指学习者积极、主动地建构自己的知识体系，而不是将学习当成一项辛苦的任务来完成，并以“金钱”作为完成任务的奖励物。为了彻底避免金钱对学习的隐患，正确的做法是：让孩子从学习中感受乐趣。

在孩子学习的过程中，父母不应该过分地注重考试成绩，而应当适当放手，鼓励孩子进行探索性学习，如和孩子一起做一些知识性和趣味性都较强的小实验，让他们体会学习知识的愉悦。

建议二：运用赞美的方式替代金钱

适度的赞美也是一种很好的激励方式。有些父母可能会说，现在的孩子已经不屑于简单的几句赞美了，仿佛只有钱才是实实在在的。其实，这很可能是父母没有正确运用赞美方式而引起的。

航航今年 10 岁，她的学习成绩一直很好，父母也很为她骄傲。虽然航航家境很好，但是父母从来不用金钱的方式来“激励”她的学习。

上小学二年级的时候，航航的数学成绩不好，而且对学习数学也没有兴趣。后来，每次航航写完数学作业，妈妈都会用大大的勾画出航航写对的题，而对写错的题不做出任何标记符号，并且对航航说：“你看，今天你比昨天进步了。”

在妈妈的赞美下，航航开始对数学感兴趣了，并且慢慢地迷上了学习数学。

运用夸奖、赞美的方式激励孩子时，父母一定要及时、细致，不要笼统地说“你做得太棒了”。例如孩子某学科成绩不好，当他们写完作业后，父母可以就某道题的解题过程进行表扬，也可以通过与前几天的作业情况进行比较而表扬，如“这道题的解题思路很好啊”“比昨天进步多了”等。

建议三：用家庭旅游来替代金钱

在期中、期末考试，尤其是中、高考结束后，商场和百货专柜往往会迎来一批出手相当阔绰的学生，而他们中间许多人都是由于考试取得了好成绩，父母给予了他们数量可观的物质奖励。但是，在拿到这笔奖励后，他们往往不会合理使用，而是铺张浪费，极尽奢侈之能事。其实，父母完全可以运用家庭集体旅游等方式来代替用金钱奖励孩子的成就。

高考结束后，明诚的分数超出了重点线 20 分，并且顺利考上了理想的大学。刚开始，妈妈计划奖励孩子 5 000 元，让他“随便买点什么”。但是，爸爸否定了这一提议，他认为，孩子还不具备合理花费 5 000 元钱的能力。为了奖励孩子，他们决定全家集体到三亚去旅游。

在旅行过程中，明诚感觉身心得到了前所未有的放松，而且平时父母工作繁忙，几乎没什么时间与他交流，但在旅游中，他们天天聊天，亲子之间的感情得到了进一步的提升。另外，在这次旅游过程中，明诚还了解了当地的风土人情，收获了许多知识。

当孩子取得一些大的成就，例如中、高考取得了好成绩的时候，父母没必要“出手阔绰”地奖孩子一大笔钱，而完全可以通过家庭集体旅游等方式来奖励孩子，这样既可以增进双方的了解，还能让孩子得到身心的放松，增加广博的知识和见闻，丰富自己的头脑。

建议四：勿让“付费”泛化

“付费”泛化的结果，是让孩子丧失责任感，做什么都以“钱”为最终目标，最终也将违背教育的初衷。因此，父母应该明确哪些情况不宜付费，哪些情况可以付费，付费的标准如何，等等。

丽云 5 岁的时候，妈妈跟她签了一份家务劳动协议：刷一次碗付费 1 元；拖一次地付费 2 元；洗一次衣服付费 3 元。

刚开始，丽云很有干劲，但到后来，她就学会了投机取巧，洗一次袜子，她也问妈妈要 3 元钱，让妈妈哭笑不得。后来，妈妈只得取消了协议，但是丽云居然什么也不愿意做了，自己的房间也不收拾。

对于家里的日常事务，例如洗碗、拖地等，孩子也有责任分担一部分，因此不应该付费，而对于一些难度较大的劳动，如整理花草、庭院等，可以适当给予孩子奖赏。对于孩子自己的事情，例如洗衣服、收拾房间等，父母要引导孩子养成自己的事情自己做的习惯。

激励孩子的方式要灵活多变

教子案例

唱红世界的意大利歌唱家帕瓦罗蒂还是个孩子时，祖母便把他抱在膝上对他说：“你将会成为一位了不起的人物，你不久就会明白的。”他母亲梦想他当个银行家，然而，他却当了小学老师，只是偶尔还会唱歌。但他父亲一直不断鼓励他，说他唱歌很有潜力。帕瓦罗蒂终于在22岁那年弃教从事保险业，从而争取更多的时间来练习唱歌。学习声乐成了他一生的转折点。

事后，他说：“如果我不听父亲的话，继续当老师，我就永远不会站在舞台上。不错，我的老师培养了我，但没有一位教师对我说我会出名。只有我的祖母，只有祖母的那句话激励了我。”

个案解析

由此可见，适时灵活地激励孩子，对孩子的成长是非常重要的。

教育心理学上有个值得玩味的名词是“皮克马利翁效应”，意思是说，当老师预言哪些学生会出现好的行为时，这些学生就会展现出老师所预言的才华，反之，老师如果预言哪些学生是难雕的朽木，那些学生的表现必将让人失望。将其推及到家庭教育中来，也同样有效。分析原因，就是父母激励孩子，告诉孩子在哪方面会有成绩，孩子就会产生强烈的自信，努力实现父母的预言，反之则心灰意冷，认识不到自己的价值。

孩子在某方面取得了进步，自然希望得到父母的肯定，一句激励的话就可以让他眉飞色舞，信心十足。但是孩子成长的道路，碰到挫折也是在所难免的，这时候就更需要父母的鼓励和支持，因为这也是孩子所做的努力和进步。孩子一直在改变，一直在进步，父母也要随时关注孩子的转变，一有适当时机，就要鼓励他再接再厉，千万不可泼冷水。

成熟、智慧的父母在激励孩子的时候是讲究艺术的。父母在教育孩子的过程中要学会真诚、学会爱、学会理解等。发现孩子的优点，赞美孩子的优点，赞美本身就是一种重要的激励方式。父母要把握好激励的方式，不要企图只采用物质的激励，孩子更需要精神上的激励。

专家给父母的建议

建议一：用自己的行动来激励孩子

父母是孩子的第一任老师。身教胜于言传。父母的言行对孩子有着潜移默化的影响。父母要用自己的模范行为影响孩子。

诺贝尔的父亲墨纽·诺贝尔经历丰富，见多识广，他了解国内外许多科学家的奋斗史，常常给诺贝尔讲科学家的故事，鼓励儿子做个有理想、有抱负的人。

1863 年秋天，经过 50 多次反复试验，诺贝尔终于成功研制出硝化甘油炸药，并取得了瑞典、丹麦、英国等多个国家颁发的专利证书。诺贝尔为了寻求更为安全的引爆物，多次进行具有生命危险的试验。尽管诺贝尔做实验时十分谨慎，但不幸的事还是发生了，试验中发生了甘油大爆炸，整个实验室化为灰烬，5 个助手，包括诺贝尔的弟弟埃米尔当场被炸死。

诺贝尔的父亲目睹这一惨景，悲伤过度，得了半身不遂症，从此卧床不起。但作为一位发明家，父亲显示了不屈的意志和惊人的毅力，他虽卧病在床，但仍不停止研究、思索。父亲这种坚毅的热情，深深地影响了诺贝尔，激励着他矢志不渝地研制和发明了雷汞炸药、安全炸药、无烟炸药等多种炸药，为人类做出了重大贡献。

诺贝尔的父亲用自己的生命热情激励着诺贝尔在科学之路上越走越远。由此可见，孩子常常会以父母为榜样，在父母身上汲取丰富的营养，在父母言行的激励下走向成功。因此，父母要给孩子做出好榜样，用自己的行动激励孩子。

建议二：讲究激励的技巧

每个孩子都有巨大的潜能，只要父母讲究激励的技巧，帮助孩子推翻压在心理上的自卑巨石，他们的潜能才能像火山一样爆发出来，他们的成才之路才会更加顺畅。

东晋大书法家王羲之为激励儿子王献之做事能够精益求精，他特意送给儿子一张蚕茧纸，并对他说：“这纸十分名贵，世无多见，虽有白金也无处购得。晋明帝时，皇上命我写祭天地神明、求国泰民安的‘祝版’，对我分外恩典，赏给了我两张。我珍惜多年，舍不得用。而今见你书法大进，才送给你。你就用它将我写的《乐毅论》临摹一次吧！”

王献之欣喜异常，立即谢过父亲，转回书房，铺好纸，磨好墨，拿出父亲写的《乐毅论》，准备立即临摹。但一看那极为名贵的蚕茧纸，又不敢轻易落笔了。自此之后，他天天揣摩《乐毅论》的布局结构，及每个字的提按、使转，并将它们默默地记在心中。三个月过后，王羲之到儿子书房一看，蚕茧纸上竟一笔未写。他知道儿子在反复练字，心中十分高兴，并鼓励他尽快下笔。王献之这才动起笔来。果然不负父望，他将《乐毅论》的字临摹得笔势精妙，备尽楷则，令人难辨真伪，因此而成了神品。

王羲之正是以纸珍贵的理由来激励王献之好好揣摩字体结构，最终使他完成了一副神品的。由此可见，用恰当的技巧来激励孩子，会达到事半功倍的效果。

建议三：激励孩子的爱国情操

每个孩子的人生价值都要通过对国家的贡献来体现，这就需要父母从孩子小时候起就开始培养他们的爱国情感，适时的激励就成了一个很重要的方式。父母可以向孩子讲述古往今来诸多名人的爱国故事，以此来激励他们。

抗金名将宋朝岳飞回家探望母亲姚氏。虽然姚氏已是年逾花甲的老人了，可她顾不得享受母子久别重逢的天伦之乐，便急着向他详细询问前线的有关情况。当母亲得知大片国土又相继沦陷时，心如刀绞，竟催促儿子尽快地重返疆场。她为了激励和鞭策儿子英勇杀敌，常立新功，又将岳飞带到祖庙前，让他叩拜了列祖列宗，然后对他说：“我含辛茹苦，将你养大，教你学文习武，练就了一点本事。如今你奔赴沙场，希望你建功立业，光宗耀祖。但前途难测，宦海多变，可千万不能做辱身败名之事。我现在当着祖宗之面，要在你背上刺下‘精忠报国’四字。”岳飞明白母亲的用心，随即跪倒在地，脱去外衣，求母快刺。岳母便在他背上写下了“精忠报国”四个正楷大字，接着又用绣花针仔细扎刺。刺在儿身，痛在母心。

从此“精忠报国”不仅永远留在了岳飞身上，而且深深地刻在了他的心中。

只有国家繁荣富强了，个人价值才能有机会得到体现。但是随着社会的发展，家庭教育容易忽视对孩子的爱国教育。这就需要每位父母适时灵活地对孩子进行爱国教育，激励他们好好学习，为了祖国而努力。

建议四：通过激励来增强孩子的自信心

无论什么人，受激励而改过很容易，受责骂而改过却比较难。父母要用爱心去关爱孩子，还要给予孩子更多的激励和重视，要尽量保护孩子的自尊心，在激励中增强孩子的自信心。

杰克·韦尔奇是在父母结婚 16 年后才出生的独生子。可是他的父母并没有为此而对儿子大加溺爱，而是把关爱更多地体现在提升他的能力和意志上。他们要求儿子树立信心，掌握自己的命运。韦尔奇开口说话后就有点口吃，然而母亲对此很不以为然，甚至还这样表扬道：“孩子，你是有点口吃，然而这正好说明你爱动脑筋，思考的速度比说话的动作更快。”在母亲的鼓舞下，他不仅没有因为这一缺陷而自卑，反而将其变为一种激励，增强了自信。

韦尔奇充满自信，不断进取，后来当上了美国通用电器公司的董事长。他致力于企业改革，在全球范围内开疆拓土，创造了 20 世纪的美国商业奇迹，被誉为世界第一经理人。

父母的激励，使韦尔奇充满自信地迎接挑战，取得成功。所以，在孩子成长的过程中，再也没有比让他们感到自信更重要的事情了。通过激励来培养孩子的自信心，孩子拥有了自信，也就拥有了成功。

第五章

批评孩子是一门教育艺术

——批评和处罚孩子的技巧

批评孩子的方法是否得当将会关系到孩子是否能够健康成长，如果你打算用批评的方式教育孩子，那么应把握批评孩子的基本原则——尊重孩子的人格，并且必须对孩子说清楚你批评他的理由，让孩子知道如何避免再犯相同的错误。

永远不能用打骂的方式处罚孩子

教子案例

殷辰兵的父母原来在某水泥厂上班，后来由于单位不景气，二人都下了岗。殷父在街上踏三轮车，殷母在家操持家务。他们将全部希望都寄托在了儿子身上，希望他长大后能出人头地。在教育方式上，殷父信奉“棍棒底下出孝子”，而殷母则是百般劝阻，夫妻之间为此经常发生争吵。

在这种家庭环境中，殷辰兵性格孤僻，成绩一般。他上初中三年级时，有几次考试不及格。殷父十分恼火，对他非打即骂。每当殷辰兵挨打后，殷母总是偷偷地给他几元钱，要他做个乖孩子，不要惹父母生气。然而这一切并没有效果，殷辰兵的成绩每况愈下。

一天晚上，殷父在街上踏三轮车，发现几个流里流气的小青年正在调戏一个女孩子，其中竟有殷辰兵，而且嘴上还叼着香烟。殷父将儿子扭送回家，用绳子捆住，狠狠地揍了他一顿。事后，殷母搂住儿子，哭着哀求他要争气，不要学坏。

第二天，殷辰兵像往常一样背着书包去上学，一整天都没有回家，后来，在殷辰兵的床上，父母发现了一封信。信中说：“我总是惹你们伤心，我走了，等混出名堂我再回来。”殷母很是焦急，而殷父则大骂：“早死早好，不许你去找他！”

5 天后，公安人员到殷家，告诉他们殷辰兵因参加一个抢劫团伙被抓住了。这一天，殷辰兵离 16 岁的生日还有一个星期。

在这个案例中，殷父心中虽然也有对孩子强烈的爱，但为了维持父母的尊严，强迫孩子服从自己，要求孩子逆来顺受，否则就非打即骂。打骂只能让孩子暂时屈服，挨打的时候，孩子可能会百依百顺，但避开父母就有一种轻松感和自由感，恶行显露。长此以往，使孩子的恶劣习气不断滋长。常受训斥和打骂的孩子，对别人也习惯于张口就骂，抬手就打，行为粗野，也容易走上犯罪的道路。

个案解析

美国的一项教育研究报告表明，体罚孩子只会使孩子的行为更加不规矩。还有一项研究将体罚同孩子们身上日益增强的攻击性联系在一起，这项新的研究报告的作者说，他们已经找到证明这种因果关系的最有力的证据。

最后，研究结果表明：当父母试图用体罚的方式来达到减少孩子叛逆行为的目的时，其远期效果往往适得其反。

这份研究报告的第一作者社会学家默里·斯特劳斯说，这项研究表明，体罚效果适得其反，它令父母自食苦果，并会使事情变得更糟。

斯特劳斯的研究小组分析了1988—1990年间对全国807名6～9岁孩子的母亲进行调查得到的数据，并比较了在这段时间内受体罚和未受体罚的孩子反社会行为的程度差异。

研究表明：44%的母亲表示，在接受调查前的一周内曾体罚过孩子，并且在那一星期平均每人体罚过孩子两次。若不考虑其他影响因素，如家庭的社会地位、经济状况、父母给予孩子温暖和支持的程度等，体罚越频繁，最终孩子反社会行为的程度就越高。

专家给父母的建议

建议一：孩子做错事，父母要控制自己的情绪

很多时候，孩子做错事时，父母常常会非常生气和愤怒，情急之下就很容易采取打骂等体罚的方式对孩子进行教育。

这种教育方式的效果往往很差，这会让孩子觉得：我做错了事，你也打我了，我们俩扯平了。而且孩子还会对体罚他的爸爸或妈妈产生怨恨的心理。孩子这种心态会使他对自己所做的错事没有内疚感、没有羞耻感，从而也难以去改正错误。

因此，在孩子做错事的时候，父母一定要先控制自己的情绪，以免在情急之下对孩子采取错误的教育方式。

建议二:让孩子承担自己所犯错误带来的后果

父母要让孩子承担自己的错误带来的后果。比如,孩子赖床,没有按时起床,眼看上学就要迟到了。此时,父母不要因此而打骂孩子,更不要急急忙忙地打车送孩子去上学,而是让他按照平常的程序去做,比如,让他自己乘坐公交车去上学,让他自己承担因迟到而被老师批评的后果。这样,孩子就会深刻地意识到自己的错误,也有更强烈的动力去改正自己的错误。

建议三:帮孩子从错误中总结经验教训

孩子犯错后,父母不仅不要打骂他,而且还要包容孩子的错误,更重要的是,父母要帮助孩子从错误中总结经验和教训,帮助他在以后的生活中避免犯类似的错误。

孩子缺乏生活常识和社会经验,各种能力也不成熟,犯错是难免的。父母要抓住这些时机,采用正确的方式教育和引导孩子,让孩子意识到某些错误的严重后果,让他从错误中总结出更多的经验和教训,从而做得更好。

总之,作为合格的父母,永远不要对孩子犯错进行打骂,而要采用科学合理的方式对孩子进行教育。

批评,不能伤害孩子的自尊

教子案例

作为一位母亲和祖母,玛丽丝曾面对过这样的尴尬和冲突。

有一次,她和女儿带着6岁的外孙到西班牙度假。在一家商店里,外孙非要买滑板,但妈妈说:“你已经有两个了,不能再买。”

小男孩一下子就躺在地上尖叫起来:“我就要,现在就要!”

玛丽丝说:“作为一个儿童心理专家,我感到十分羞愧,我就走出去了。”

在外面站了一会儿,玛丽丝觉得自己应该做些什么,就进去对外孙说:

“我知道你很伤心,很生气,有的时候生活就是这么让人沮丧。不过我有个好主意,你愿意试试吗?”

小男孩觉得外婆理解他,又想尽力帮自己,就停止了尖叫。

玛丽丝说:“你想要滑板,可我和你妈妈都不愿意给你买。我们可以到别的商店去看看,看有没有商店愿意把滑板作为礼物送给你。”

小男孩高高兴兴拉着外婆的手来到另一家商店,外婆把他介绍给售货员,问是否能满足孩子。售货员说:“不,我们没有这项优惠。”

两人走了四家商店都碰了钉子,到了第五家,小男孩说:“我不买滑板了,我还是玩家里的那个吧。”

个案解析

也许父母从来没想到过,孩子犯错误受到父母批评时,自己随便说出来的一句话,会对孩子的心理产生多么重大的影响。父母所使用的语句可能让孩子更加乐于合作,更加自信,但也可能令他感到挫败和失去信心,甚至感到非常沮丧或愤怒。

那么,父母哪些话会带来解决问题并让孩子快乐的魔力,而哪些话是应该永远从我们对孩子的教育中摈除的呢?

在批评孩子时,就算是要表达同样的意思,父母选择的表达方式和运用的词语也会对孩子有很大影响。打击孩子自信、伤害孩子自尊的话,对孩子的成长是不利的,所以,父母永远别说伤害孩子的话。

提起对孩子的伤害,很多父母首先想到的可能是打孩子。但是,孩子怕的“软”伤害远胜过这些“硬”伤害。在孩子的心目中,排在第一位来自父母的伤害是软性的“语言伤害”,比如,批评中过于尖酸刻薄、讽刺挖苦的话,这对孩子的自尊心是致命的伤害。

经常遭受父母类似的“语言伤害”,孩子的心灵就会扭曲,即使成年之后,也会出现较多的行为障碍和个性弱点,难以适应社会。为了孩子的健康成长,父母要多注意自己的语言,不要以为区区几句过头的话不会对孩子造成多大的危害,就在气急之下口不择言地说出许多刺激孩子的话。父母作为孩子的“第一任老师”和“最亲近的朋友”,切不可成为这样的伤害者,而要时刻注意批评孩子时使用的语言和语气等。

专家给父母的建议

建议一：认识到不同的语言对孩子的影响

父母在批评孩子的时候，语言是要讲究方法技巧的，不同的语言对孩子的影响是不一样的，教育效果也是不一样的。比如，尖酸刻薄的批评话语会让孩子的自信丧失、自尊受伤，而委婉的批评话语则会让孩子感觉舒服一些，从而使他更愿意去改正错误。父母要清醒地认识到“语言伤害”对孩子的影响，在思想上高度重视，尽量避免运用伤害性的语言批评孩子。

建议二：运用积极建设性的语言

父母要多鼓励孩子，采用积极性的语言教育孩子。比如，孩子写作业很慢，父母可这样说：“儿子，你写字很认真，如果你写得快一些就更好了，这样你就有更多的时间玩了。”

要时刻注意不对孩子说伤害他们的话，尤其是在“恨铁不成钢”或气急败坏的情况下，父母更要保持理智，控制好情绪，努力做到和风细雨、循循善诱。

建议三：讲究批评的艺术

讲究批评的艺术，要以提醒、启发来代替指责、训斥。比如用“我相信你可以做得更好”代替“你怎么干得这么差”；用“你这样做是不是更好”代替“你怎么这么笨，连这个都做不好”等鼓励孩子更努力。用“没关系，慢慢来，你尽力而为就可以”来帮助孩子调整焦虑、紧张的情绪。

建议四：以平常心看待孩子

父母要做好自我调整，以平常心看待自己的孩子，根据孩子的生理、心理特点因材施教。避免说出诸如：“你怎么越大越不听话……”“你都这么大的人了，竟然还做这种事……”“你怎么就不能像人家××那样呢？”“我刚才是怎么跟你说的？”之类的话，因为这些话语都会刺伤孩子的自尊。

“良言一句三冬暖，恶语伤人六月寒”，同样是语言，功效却截然不同。父母若要科学地批评孩子，就应该多用“良言”，禁用“恶语”，以免对孩子造成“语言伤害”，酿成无法挽回的过错。

不能给孩子乱贴负面标签

教子案例

小驰正在读小学六年级，他的成绩一直是老师和家人最头疼的问题。令老师迷惑的是，小驰并不笨，甚至很聪明，但是他却长期居于班里的最后一名，而且时常不及格。

原来，小驰以前的成绩也十分优秀。有一次，由于他没有认真审题，结果作文没及格。回到家后，妈妈对他大加指责："你怎么这么笨啊，居然还能审错题？我怎么生了你这么个笨蛋？你真是让我头疼死了，真是个笨猪。"从那以后，"笨孩子""笨蛋""笨儿子""笨猪"等名词就成了小驰的代名词了。

既然妈妈这么认定自己，小驰也就索性真的去当"笨孩子"了，他不再好好学习，成绩也果然一落千丈。

个案解析

我国的著名童话大王郑渊洁先生曾经说过："差生是差老师和差家长联手缔造的。"他用深刻、犀利的语言警告当代的父母：不要给孩子们乱贴负面标签，这种行为只会使得好孩子变成真正的差孩子。

20世纪初，意大利教育家蒙台梭利在罗马建立了一所国立特殊儿童学校，招收了被人称为"白痴"和"弱智"的儿童，共22名。经过两年的努力，在政府的监督下，这些孩子都顺利地通过了公共学校同龄儿童的同等水平考试。这个铁一般的事实再一次告诉世人，没有教不好的孩子，只有不会教的父母与老师。

教育家周弘先生说："没有种不好的庄稼，只有不会种庄稼的农民。"农民如何对待庄稼，常常决定着庄稼的生死存亡；而父母如何对待孩子，也在一定程度上决定着孩子的未来。当父母将"笨孩子""差生""问题少年"等负面标签贴到孩子身上时,“聪明孩子”“优生”“阳光少年”就真的离孩子远去了。

当孩子被标上负面标签后,心理上会蒙受阴影,更为严重的是他可能放弃追求自己的前途。我国台湾作家三毛曾经在自己的书中描述过一个故事:她因为数学成绩太差而被老师当众用毛笔在脸上画了个大大的黑圈,寓意数学得零分。虽然三毛在写作上获得了极大的成功,但是在她短暂的一生之中,自闭的心理可见一斑,更为甚者,她以自杀的方式结束了自己的生命。

给孩子乱贴负面标签,会直接伤及孩子的自尊心与自信心。心理研究指出,这种做法对于13岁以后的孩子来说,比让他们面对失败更为痛苦。有些父母一听到孩子的学习成绩不好,便不分青红皂白地责骂孩子,给孩子贴上负面标签,说他们是笨蛋,没出息。事实上,孩子一时的成绩,与他将来的成就或者他是否会成为优秀人才,并没有直接的关系。

无论基于哪种原因,父母都不要轻易地给孩子贴上负面标签。对于孩子来说,这些负面标签可能会成为束缚他一生成长的界限与牢笼。当他面临重大的挑战时,这些负面标签便会一次又一次地出现在他的脑海里,使他不能以充分的自信迎接挑战,而最终与机会擦肩而过。父母们,从现在开始,请相信自己的孩子,给他积极的暗示与期望,让他健康、愉快地成长吧。

专家给父母的建议

建议一:了解乱贴负面标签的害处

著名认知心理学家加德纳认为,每个孩子都有其特殊的智能综合形式和理解世界的方式,如语言的、逻辑的、数学的、空间的等。所以当孩子热爱音乐而学习成绩不好时,别给孩子乱贴标签,不要说他“不是块学习的料”,这样可能会扼杀一个未来的音乐家。

父母应该积极、主动地去了解乱贴负面标签的害处,了解正确的教育理念与方法,理性地对待孩子某方面的不足,不给孩子消极的心理暗示。

建议二:多为孩子喝彩

“恨铁不成钢”的父母,常常给孩子贴上负面标签,可是,父母并不是真的希望孩子这样。因此,当父母想说“傻瓜”的时候,换成“其实你很优秀”,孩子就会真的越来越优秀。

小茹的成绩不好，即使她每天把自己关在书房里看书学习，她的成绩也没有丝毫起色。妈妈无奈地问："为什么你不努力一点，让自己的成绩更好一点呢？"小茹反驳道："反正你们都认为我是傻瓜，我再努力有什么用？"

后来，妈妈每次都有意识地控制自己，当她想骂女儿傻瓜时，就换成"孩子，加油"。她发现这样做，不仅让自己心情愉快，而且也让小茹重拾了自信。虽然她的成绩还不十分突出，但是已经有了很大的起色。

当孩子考试不理想或者做事情失败的时候，父母应该多给孩子一些喝彩与鼓励。已经习惯给孩子贴负面标签的父母，则应该有意识地提醒自己，将那些难听的词汇换成鼓励的话语，给孩子积极的影响，鼓起孩子起航的风帆。

建议三：给孩子积极的心理暗示

美国心理学家罗森塔尔曾经做过一个心理实验，证明孩子的成绩与教育者的期待是成正比的。因此，如果父母给孩子积极的心理暗示与期待，那么孩子便会成为优秀的孩子。而如果父母乱给孩子贴负面标签，事情则会与父母的愿望背道而驰。

俊楠今年 11 岁，曾经是个令人头疼的孩子，学习成绩不好，喜欢惹是生非。但是自从妈妈改变自己的教养方式后，这一现象得到了很大的改观。

有一次，俊楠的作文成绩又不及格，妈妈没有像往常一样骂他笨，而是笑眯眯地对他说："没关系，妈妈觉得你下次一定会比这次好。"下次，俊楠的作文成绩果然有了提高，妈妈还是说：妈妈相信你下次会更好。慢慢地，俊楠的作文成绩提了上来。

当孩子学习成绩不理想时，父母可以积极地暗示他："下次一定会比这次好！"当孩子不听话，四处惹是生非时，父母可以暗示他："真正强大的孩子是在智力上打败别人的人。"这样，孩子的道路就会越走越宽广。

建议四：不要用自己的看法埋没孩子的天性

成人虽然有更多的知识与经验，但他们也往往带着偏见与不足。因此，父母不应该用成人的眼光来看孩子，将孩子看扁。

齐玉喜欢画画，十分富有想象力。一天，她在画纸上画了一个人的身躯，并配上了一对洁白的翅膀，在她的四周还画了几朵飘浮的白云……当齐玉的妈妈看到这幅画时，高兴地说："这是位美丽的天使啊。"

当孩子在绘画中任意地将物体进行组合，如将鱼画到天上，添上翅膀；将树栽到屋顶，结出糖果时，不要责怪孩子，因为这在成年人看来，也许有点荒诞，但却是孩子具有丰富想象力的表现。父母要看到图画后面的东西，才不会埋没孩子的天赋与灵性。

建议五：抛弃盲目攀比的心理

当孩子考试成绩出来时，父母不应该拿他的成绩跟比他更出色的孩子相比，而应该鼓励孩子与自己的前一次成绩相比，让孩子欣喜于自己的每一点进步，这样才能使孩子信心越来越足，干劲越来越大，从而义无反顾地前进。

面对孩子的错误，建议比批评更有效

教子案例

唐军的脾气很暴躁，总是和同学发生摩擦。每次产生矛盾后，唐军也十分懊悔，甚至觉得自己天生不会与人相处。前不久，为了换座位的事情，他又和同桌大吵了一架，还差点打起来。

下课后，几个男生在后面打闹，把唐军的书碰到了地上，唐军上前就抓住对方的衣领，说："没看到是我的桌子吗，你给我捡起来！"两个人马上扭打起来，唐军一拳把对方的眼镜打碎了，为了赔同学的眼镜，唐军不得不开口跟父母要钱。

妈妈问他："你觉得自己个性如何？"唐军低声说："我认为太暴躁了，这样可能不好。"妈妈又说："我给你一个建议啊，以后，任何因你暴躁惹的事，你都要自己负责，别来找我了。你都上初中了，这 200 元我先借你，你暑假打工还我。你要学会为自己的错误买单。"

父母的语气很平静，唐军也马上答应了，还写了借条。以往，父母总会大骂他一顿，但他还是改不了坏毛病，今天，父母没有训他，而是给了他一个中肯的建议，唐军却突然不习惯了。他开始认真反思自己的脾气，想着 200 元钱的欠款，决心好好改改自己的坏脾气。

个案解析

父母针对孩子的错误给予建议，是指针对孩子的问题给予他解决错误的方法，这是父母的一种善意引导。父母的建议没有批评来得激烈、刺激，却能让双方都在冷静的状态下审视过错。在建议中，父母关注的是如何解决问题，而不是如何打击孩子。

唐军的脾气暴躁，时常犯各种错误，父母屡次批评却丝毫不见效。妈妈后来选择了平静地给他建议。父母冷静下来后，唐军也冷静了。以前父母批评完后，都会帮他收拾乱摊子。现在，妈妈提出了建议，他得学着自己收拾乱摊子。这是一种视角的转变，有利于孩子反省、改错。

有人说，批评是对孩子过错的指点，稍微把握不慎，就容易动怒，伤害到孩子的自尊，引起孩子的仇视、逆反心理；而建议是一种建设性的意见，目的是指出解决问题的方法，对孩子改正错误有利。

父母批评孩子，就是为了改正孩子的错误，何不用建议的教导方式呢？这样既不用担心伤害到孩子，又能帮助孩子找到改正错误的途径，一举两得。父母不用动怒，孩子也不用伤心，亲子间在讨论、商榷中就把问题解决了。

面对孩子的错误，父母最不缺的就是各种建议。任何错误，父母曾经都可能经历过，有一大堆成熟、实践性强的解决方法。可是父母往往容易在孩子的错误前丧失理智，一股怒火压抑不住，批评、责骂就脱口而出了。父母痛快地批评孩子后，孩子也彻底被伤透了。

孩子在错误面前，最需要的是解决之道，而不是批评、指责。只有问题最终被解决了，孩子才不会犯同样的错误。面对孩子的错误，父母最需要的就是学会宽容，并及时给予诚挚的建议。

专家给父母的建议

建议一：认真倾听孩子的“申诉”，了解犯错经过

孩子犯错后，父母一定要给他时间，让孩子讲述事情的经过，自己认真地倾听一下孩子的“申诉”。

黄蕊和夏景在小区里玩游戏。不一会儿，夏景哭着来找黄蕊的妈妈告

状。夏景说："黄蕊打我了，把我的手都抓破了。"黄蕊的妈妈赶紧说："我待会儿会问她的。我先帮你擦点儿药水吧。"黄蕊的妈妈细心地给夏景擦了消毒药水，还给她贴了创可贴，并对夏景说了"对不起"。

又过了一会儿，黄蕊磨磨蹭蹭地回来了。妈妈低声说："你过来一下，跟我讲讲事情的经过。"黄蕊硬着头皮说："我们玩比赛，谁输了就让出奖品。夏景输了，可是她反悔了，不愿意把她的小猪玩偶给我，我就动手抢了。"

妈妈大致弄明白了事情的经过，对女儿说："看来这件事，你们两人都有错啊，夏景犯规不对，你动手打人也不对。"黄蕊看着妈妈，低下了头。妈妈说："问题我已经清楚了，我只给你建议，下次遇到不公平的事情时，要讲道理，但是别动手，好吗？"黄蕊点点头。

父母只有了解了事情的原委后，才能更客观地看待孩子的错误。无论问题多么严重，父母都要认真地听一听孩子犯错的经过，然后再给出中肯的建议。

建议二：保持冷静，指导孩子分析错误的原因

孩子犯错后，父母生气、怒骂是于事无补的，所以要保持冷静，要在冷静的状态下，指导孩子分析错误产生的原因，只有这样才能给孩子最实际、有用的建议。

曾强 4 岁，早晨起床后，他想喝牛奶，就独自打开了冰箱门。牛奶是妈妈刚买的，一瓶有两斤重。曾强刚抱稳，走了不到两步，瓶子就滑落了，"哐当"一声，牛奶溅得满地都是，曾强呆呆地站着，不知道怎么办才好。

妈妈从卧室里走出来，见到这种惨状，又心疼又生气。妈妈看了一眼儿子，尽量平复情绪说："瓶子是怎么掉到地上的，你能告诉我吗？"曾强看着妈妈的表情很平静，但他不知道怎么回答妈妈。

妈妈能够猜得出儿子是因为没有力气，没有抱稳瓶子，所以才掉到了地上。于是她对儿子说："你现在力气还小，还拿不稳这个瓶子。以后，如果你想喝牛奶了，就告诉妈妈，妈妈帮你。"妈妈接着又说："你已经 4 岁了，可手臂的力量还是不够，以后你跟着爸爸去晨练吧。等你把身体练好了，你就非常有力量了，拿什么东西都会很稳。"曾强赶紧点点头，说："好，我要像爸爸一样，变成一个有力量的男子汉。"

每一个错误的背后都是有原因的，只有找到了原因，才能让孩子彻底改正。

建议三：用真诚、恳切的态度给孩子建议

孩子的许多错误都是在无心、无知中犯下的，如果父母一顿打骂，孩子可能只记住了打骂，却忘记了如何避免犯错。父母在面对孩子无心、无知的错误时，要语气平静，态度诚恳地告诫孩子，下次面对这些事情时如何来处理。

赵楷3岁时，看到桌子上的瓷碗，突然很好奇，想“鉴定”一下瓷碗是否会破。小家伙双手用力一举一摔，“哐当”一声碗在地上摔得粉碎，赵楷看到碗碎了，“嘿嘿”地笑着说：“原来会破呀，不结实。”妈妈满脸怒色地从屋里冲出来，想要教训一下儿子，爸爸连忙制止了她。

爸爸说：“儿子，你打破碗了，这可是个‘错误’啊，你自己说怎么惩罚吧？”赵楷一下子愣住了，突然明白，自己的确做错了。爸爸说：“这样吧，爸爸建议你自己把碎片扫干净，怎么样？”赵楷答应了。

赵楷边扫边问：“爸爸，那镜子、玻璃杯、眼镜是不是都容易破碎啊？”爸爸点点头说：“对。你拿它们时要特别小心，要是碎了，就再也不能用了。”赵楷看了看地上的碎碗片说：“爸爸，我记住了，我以后拿它们时会小心的。”妈妈听到儿子这么说，脸色也和悦了。

父母在这种情景下，用真诚、恳切的态度给孩子建议，远远比严厉的批评会更有效。

不在外人面前批评孩子

教子案例

陈同刚刚10岁，一天，他正在家里玩，表弟哭着来找他：“哥哥，小志把我推到泥坑里了，你看我身上全脏了。”陈同看了一眼表弟，二话没说就跟他出门了。不到10分钟，兄弟俩找到了小志，陈同问：“是你把我弟弟推倒的吗？你给他道歉。”小志不理会他们俩。

陈同看着小志的表情，心想：这还了得，比我小多了还这么张狂。陈同一抢手，就跟小志打了起来，小志就去抓陈同的表弟，又一下把他推进了旁边的泥坑。陈同马上就火了，他拿起一块石头朝小志砸去，小志的头流血了，“哇哇”大哭起来，陈同赶紧和表弟跑了。

陈同和表弟打了胜仗，有些洋洋得意。傍晚时分，家里正要开饭，陈同看到小志的妈妈拉着他来到门口，小志的头上缠着白布。小志的妈妈表明来意后，陈同的爸爸气坏了，他看着小志的医药费单子，脸色铁青。

爸爸进了屋，陈同暗叫：不好了。果然，爸爸拿出了鸡毛掸子，当着满屋子人的面，狠狠地抽了他十几下。爸爸严厉地训了儿子一顿，还把他的缺点、恶行一一公布，陈同觉得委屈极了，从此以后，他虽然再也不轻易跟人打架了，但心里非常记恨爸爸。

个案解析

父母当着众人的面责怪孩子，轻则会伤及孩子的自尊心，重则会激起孩子的仇恨情绪。父母当众批评孩子的缺点，也容易令他人对孩子形成固定看法，认定这个孩子品行恶劣。

陈同的父亲当着众人的面，责怪、惩罚他，把他作为一个肇事者审讯，严重伤害了他的自尊心。陈同犯的错是许多男孩都会犯的，“没有不打架的少年”，孩子伤人都是一时控制不住自己所致，他们事后都会非常后悔，就算父母不责怪陈同，当他自己再次看到小志时，也会愧疚。

爸爸对儿子采用了不当的惩罚方式，严重伤害了他的自尊心。这样的惩罚，孩子多半会记一辈子。如果父母经常当众批评孩子，孩子就会渐渐丧失羞耻心，最后不再介意被批评，出现屡错屡犯的情形。

父母的批评在孩子面前失效后，再好的教益也会被孩子排斥，孩子此时的表现就是逆反。许多时候，孩子也明白自己错了，可就是讨厌父母的批评，才要对着干。当批评教育呈现这种状态时，父母就应该深刻反省自己的批评方法了。

事实证明，父母若顾全孩子的自尊，采用单独、平静的方式批评孩子，更容易被孩子接纳。如果陈同的父母向小志及其父母道歉，再付好医药费，让陈同送礼物去慰问小志，想必陈同就不会终生记恨父母，而是终生感激父母的批评指正了。

研究显示，父母采用后一种方式，更利于培养孩子的责任心、同情心和爱心。前一种方式，则会导致孩子走向冷漠、暴力。父母要注意自己的批评方式，在众人面前注意维护孩子的尊严。

专家给父母的建议

建议一：孩子在公众场合犯错，父母要私下批评

孩子常在公众场合犯错，例如在宴会上、商场里、公园里等地方。父母如果不批评，孩子会更加肆无忌惮；如果批评，又会在别人面前伤害孩子的自尊心。这时，父母可以找一个借口，把孩子引开，私下里对孩子进行批评教育。

陈强和父母一同去参加一个婚宴，在餐桌上，他闹着要吃"大白兔"奶糖。妈妈查看了一下桌子上的糖，全是"徐福记"的，就说："儿子，这个也很好吃，你尝一尝。"陈强怎么也不听话，耍起性子来，就认定要"大白兔"。

婚宴是在酒店里举行的，陈强这一哭闹，大家都回过头来看他。司仪还道歉说："小朋友，这里没有'大白兔'，还请你多多见谅啊。"妈妈听了，也觉得很尴尬，但她不想在席间批评儿子，就对儿子说："你给妈妈帮个忙吧，跟我出来拿点东西。"

陈强跟着妈妈出来了，妈妈找了一个角落对他说："儿子，这里来的人都很懂礼貌，虽然你是小朋友，也不能捣乱啊。你要是不听话，妈妈下次可不敢带你来了。"陈强看到妈妈说得很真诚，就点头答应了。陈强回到座位上后，就开始乖乖地吃东西，再也不闹了。

孩子在公共场合犯错，如果父母再在公共场合批评孩子，孩子的自尊心就会受到伤害，他可能会拒绝改正错误，甚至对父母心生怨恨。因此，如果孩子在公共场合犯了错，父母要在私下里批评他。

建议二：别当众揭孩子的糗事、隐私

孩子会对自己的糗事、隐私特别敏感，如果被公之于众，就会认为受到了莫大的侮辱。父母如果手中握有孩子的糗事和隐私，一定要替他好好保密，不公布孩子的这些糗事和隐私，这是在保护孩子的尊严。

程芳 4 岁多，在读幼儿园中班，昨天晚上多喝了点水，睡到半夜时就尿床了。程芳也觉得特别害羞，不好意思看晾在门外的被子。那天下午回到家，程芳听到妈妈在跟来家里做客的客人说："我们家程芳又尿床了，都这么大

了，连想去厕所都醒不来。”

程芳听到后，脸马上红了，抱着书包就冲进了屋，一个人在卧室里哭。妈妈开始没太注意，等她看到女儿一反常态在哭时，连忙问：“谁欺负你了？怎么啦？”程芳说：“妈妈，你以后能不能不要在别人面前说我的事，多不好意思啊。”

妈妈这才恍然醒悟，原来是刚才说她“尿床”的事，伤害到她了。妈妈点点头说：“好吧，我以后会注意的，看来女儿是长大了。”程芳很感激地说：“谢谢妈妈，你要说给别人听了，同学们知道后会笑话我的，多没面子啊。”妈妈点点头。

孩子的糗事或隐私可能是父母觉得很好笑、好玩的谈资，但却常常是孩子不愿意别人提及的尴尬事。如果父母顾全孩子的面子，不把这些糗事和隐私告诉别人，孩子会更乐意改错。

建议三：别在孩子的老师、同学、朋友面前批评孩子

孩子在认识的老师、同学、朋友面前会更加在意自己的形象，力争在这些人面前维护自己的完美形象，即他们的“面子”。孩子有了这层“面子”，会更加自尊自爱，事事求上进，如果没有这层“面子”，就会越来越自卑、自弃。所以，父母在批评孩子时，一定要尽量回避这些他最在乎的人。

江蓉和邻居小敏是学习上的竞争对手，二人实力相当，常常暗暗较劲。生活上，江蓉也会与小敏比较。有一天，江蓉偷拿了妈妈五块钱去买零食，妈妈发现后特别生气，当场就说：“你个馋丫头，还敢偷钱，看我今天不好好教训你。”说完，就过来拧江蓉的耳朵。

小敏那天刚好在江蓉家玩，她也没想到江蓉还偷妈妈的钱，就把这件事告诉同学了。一时间，许多人都在背后说：“江蓉是个小偷。”江蓉为此特别伤心，她更恨妈妈，恨她不该当着小敏的面批评自己。

江蓉和妈妈开始冷战，整整一个星期都没说话。妈妈也没想到，问题会这么严重，平时她也为各种事批评江蓉，可女儿并不像这次这样记恨自己。妈妈开始反省，自己这次是真的伤害女儿的自尊心了，以后批评时还得看看场合。

父母在孩子熟识的人面前批评他，就会让孩子觉得自己在这些人心目中的形象受损了，这对孩子是很大的伤害，父母要努力避免这种做法。

给孩子犯错误的机会

教子案例

一位母亲被她24岁的儿子伤透了心，她不得不去找心理专家咨询。在她说出孩子的症状后，专家问："孩子第一次系鞋带的时候打了个死结，你是不是就不再买有鞋带的鞋子了？"母亲点了点头。专家又问："孩子第一次洗碗的时候，弄湿了衣服，你是不是就不再让他走近碗池了？"母亲点头称是。专家接着问："孩子第一次整理自己的床铺整整用了一个小时，你嫌他笨手笨脚，对吗？"这位母亲惊愕地看了专家一眼。

专家又说道："孩子大学毕业去找工作，你又动用了自己的关系和权力。"这位母亲更是惊愕："你是怎么知道的？"专家说："从那根鞋带上知道的。"

最后，专家总结说："孩子从小的时候，你就剥夺了他做事的权利，剥夺了他犯错的权利，所以他现在非常依赖你，什么都不会做，什么都不愿意去做，你要为他的现状负主要责任。"

个案解析

在孩子成长的过程中，父母往往会构筑一个温柔的陷阱，那就是溺爱与过度保护。父母为孩子准备好了一切，包办了一切，满足了一切。掉进陷阱里的孩子，被剥夺了犯错误和改正错误的机会，而这些就会使他们成为上面案例中那样的问题孩子，甚至"废物"。

父母一定要明白，犯错误是上帝给予每一个人的权利。孩子成长的过程其实就是不断犯错误的过程，也是不断改正错误、掌握方法的过程。在生活、学习中，假如不给孩子犯错误的机会，轻易地帮他做好一切，不但剥夺了孩子寻求正确方法的乐趣，更会使他变得懒于动手，疏于尝试，习惯于依赖父母，以致泯灭天性，懦弱无能，永远不能自立自强。

正像曾经迷过路的孩子再也不敢忘记回家的路一样,往往只有犯过“错误”的人,才能消灭错误,走向成熟,迈向成功。

在溺爱中成长的孩子,社会适应能力弱、独立生活能力差是不争的事实。一个人怕犯错,就是畏惧现实;一个人想逃避犯错,就是逃避现实。父母不允许孩子犯错,就是不允许孩子成长。父母应该明白:孩子以后的路是要自己走的,如果孩子不曾犯错,没有“吃一堑,长一智”,他的抗挫折能力就会非常脆弱,极易产生焦虑和自卑心理,而难以品尝到成功的喜悦。

孩子犯错的过程也是一种尝试和创新的过程。从这个意义上来说,“错误”也是一种“美丽”,“错误”也是一种“成功”。在孩子成长的过程中,会犯这样或那样的“错误”,其中蕴含着孩子的创新意识和创新能力,它确确实实是一种“美丽”,而这种“美丽”,需要父母善于在孩子的“错误”中捕捉、挖掘、积累和培养。

是孩子就会出现过失,不出现过失就不是孩子。孩子在犯了错误时,比任何时候都更需要关怀。因此,在孩子出现过错时,父母最重要的是让孩子明白错在什么地方,为什么错了,以后尽量避免出现同样的错误。在这时,父母最好的态度就是宽容和耐心。

如果父母不给孩子犯错误的机会,什么都替孩子想到了、做到了,孩子没有任何内疚感和责任感,就会最终变成一个缺乏独立性的怯懦无能的人。

专家给父母的建议

建议一:以宽容的眼光看待孩子的错误

孩子的心灵是稚嫩的,做事还不够成熟,许多时候容易犯错误。回顾他们成长的历程,正是一连串的犯错误和改正错误的过程。爱因斯坦曾说:“谅解也是教育。”对孩子的过错能宽容、理解是优秀父母必须具备的心理品质。宽容可以使父母走进孩子的内心,变成可亲可敬、可以推心置腹交往的朋友,从而顺利地帮助孩子健康成长。

妈妈从幼儿园接军军回到家门口,对军军说:“军军,你试试自己开门好吗?”“好!”3 岁的军军高兴地回答,并拿着大门的钥匙,动作笨拙地试着插进锁孔中想打开门,可怎么也插不进、打不开。爸爸想过去教训军军一番,却被妈妈阻止了。

妈妈对爸爸说:“让他自己先琢磨一会儿,总能把门打开,这样他的记忆会更深刻!”果然,军军折腾了很长时间后,终于如愿以偿打开了大门。他欣喜地拍着手大叫:“我能开门喽!我能开门喽!”。

宽容会使孩子积极寻求“开门”的乐趣,变得自立自信,勇敢坚强。所以,父母要学会宽容孩子的错误,让孩子在错误中摸索出成功的经验。

建议二:让孩子勇敢地面对错误

父母应该告诉孩子,世界上任何人都会犯错误,重要的是要勇敢面对错误,要把犯错误看成是学习的机会,而不要把它隐藏起来。

“小易,你过来一下!”正在厨房洗碗的妈妈喊道。刚吃完饭的小易忐忑不安地走进厨房。“你刚才收碗时看到那个青花瓷碗了吗?”小易知道妈妈问的是前天才买回家的妈妈最喜欢的那个带盖的汤碗。“我……没看见……”“刚才你收拾碗盘时还在饭桌上。现在怎么找不到了?”“……不知道,我真的没看见……”妈妈见小易说话吞吞吐吐,心里已经明白了。“小易,你是不是把它打碎了?”“我……”

妈妈语重心长地说:“小易,做了错事应该勇敢承认。你打破了那个碗是很可惜,但如果你遮遮掩掩,不敢承认和面对错误,那会是一个更大的错误。你今天连这样的小错都不敢面对,以后怎么面对人生路上大大小小的失误?犯了错误不要紧,重要的是总结经验,改正错误,这样才能成长为生活中的强者啊!”一席话,让小易低下了头。他把妈妈拉到屋外墙角,扒开土,打碎的青花瓷碗片就在那里。

当孩子真的说了实话后,父母要就事论事,首先要表扬他的诚实,然后再妥善处理他的错误。这样,孩子就会有勇气对自己的错误行为负责。父母千万不能因为孩子说出了所犯的错误而狠狠惩罚他,致使孩子以后为了逃避惩罚而不再说出实情。

建议三:让孩子反思自己错在哪里

在帮助孩子认识错误的过程中,父母的打骂和迁就都是不可取的。给孩子留有反思自己行为的机会,才不失为明智之举。

8岁的小强吃饭时用一小块面包逗小狗玩,狗跳起来撞翻了他手中的盘子,盘子碎成了几块。小强对父母说:“你们看见了,是小狗打碎了盘子,不是我的错。”母亲说:“盘子确实是小狗撞翻的,可是你有没有错?”小强大叫:“是小狗的错，不是我的错。”

父亲走过来，叫小强离开餐桌回到自己的房间，去好好想想自己究竟有没有错。十几分钟后，小强走出房间说：“小狗有错，我也有错，我不该在吃饭时逗狗，这是你们多次对我说过的。”父亲笑了：“那么今天你就该为自己的错承担责任，收拾餐桌，并拿出零用钱赔这盘子。”小强同意了。

孩子知道自己错了，他本已在自责与反省，如果父母一味训斥、批评，就会把他已萌发的反省的心理破坏掉，反而会使他心生反感，拒绝认错。从心理学的角度来看，让孩子自己反思可以淡化因突发事件引起的紧张气氛，减弱两代人之间的心理抗衡，有助于实现家庭教育的预期效果。

建议四：教孩子勇于承担责任

父母应该牢记孩子是一个独立的人，他需要父母的帮助而不是包办。孩子一旦做了错事，就要让他悔过自省，主动向被他冒犯、伤害的人道歉，再与对方共同商量解决问题的办法，这是培养孩子责任感的良好机会。

妈妈带雯雯到邻居家玩，雯雯与邻居的孩子嬉闹，一不小心将邻居阿姨手上正端着的装有红茶的杯子打落在地，妈妈立刻用手巾擦拭洒在地上的红茶，然后严肃地对女儿说：“快去再拿一个盘子，将这些玻璃碎片捡起来，再向阿姨道歉。”邻居阿姨赶紧说：“算了，算了！她又不是故意的。我来收拾好了！”

妈妈说：“请你不要姑息孩子的错误，即使她是无心的。小孩子要从小就懂得对自己做错的事负责，这样他们长大了才能成为一个有责任感的人。”雯雯听了妈妈的话，赶紧将玻璃碎片收拾干净，并不好意思地对阿姨说：“对不起！”

让孩子直接道歉，有助于深化孩子对错误的认识，养成“自己做错事自己承担后果”的习惯。若是父母代子女道歉并帮孩子解决问题，将剥夺孩子心中已经萌芽的责任感，培育出一个躲避退让、毫无进取之心的懦夫。

批评孩子要以正面引导为主

教子案例

陈定一今年4岁。这天，他正在客厅里玩游戏，妈妈的饭做熟了，喊道："儿子，快过来吃饭吧。"陈定一正玩得高兴，丝毫没有理会妈妈。妈妈走过来说："饭凉了就不好吃了，你快过来吃饭吧。"陈定一还是不动，妈妈马上就生气了。

妈妈走过去夺他的玩具，在争夺间，妈妈用玩具把陈定一的头敲了一个大包。陈定一的玩具终于被夺下来了，他伤心地哭了起来。妈妈看着儿子，心一下子软了，心想：我这样对他，会不会在他心里留下阴影啊。

妈妈走过去说："儿子，对不起啊，妈妈只是怕你的饭凉了，吃过之后对身体不好。妈妈下次再也不这样了，妈妈帮你把饭温起来吧。玩具给你，你可以再玩一会儿。"陈定一伤心极了，他不接玩具也不吃饭，仍旧哭着。妈妈开始后悔了，心想：如果我早点说这些话，儿子就不会这样了。

个案解析

父母批评孩子的最终目的，是让孩子认识错误，而不是攻击孩子的人格、自尊。父母只有采用正面引导的方法，让孩子自己认识错误所在，帮孩子分析错误产生的原因，才能促使孩子去改正错误。只有在正面引导下，孩子才能欣然接受批评，改正错误。

陈定一的妈妈看到儿子伤心哭泣，才醒悟自己的批评方式过于粗暴，伤害到了孩子幼小的心灵。生活中很多时候，父母明明可以通过引导的方式，让孩子自觉地发现错误，愉快地改正错误，可是由于教子心切，往往忽略了孩子的感受，而习惯于采用粗暴的方式去纠正孩子的错误，孩子的自尊心、自信心就这样被伤害了。

正面引导是指父母在批评孩子时，不伤害孩子的人格及自尊，而采取就事论事的一种积极的教导方式。在批评孩子时，要引导孩子自己去发现错误，错误的原因在哪里？有哪些方式可以弥补错误？父母只要巧妙地对孩子加以引导，就能够在不伤害孩子自尊、人格的前提下，让孩子主动认错、改错，就会皆大欢喜。

孩子年纪小时反复犯错，往往是因为意识不到错误的根源所在。父母的指责、打骂都不能让孩子真正改错，只有不断地给予他正确的引导，让孩子明白错误的根源，并找到解决之道，孩子才会真正去改错。

专家给父母的建议

建议一：就事论事，不攻击孩子的人格、自尊

孩子犯了错、闯了祸，父母一定要冷静，不要马上对孩子进行责骂，而是要就事论事，引导孩子找到问题产生的原因，学会处理自己所犯的错误。

陈力刚进门就哭了，妈妈问他："你怎么啦，谁欺负你了？"陈力说："小同抢了我的玩具，还打我。"妈妈听后说："就为这事哭啊，你也太没有出息了。"陈力一听更伤心了，跑进了自己的屋子。

爸爸对妈妈说："你怎么又骂他呀？这是他和小朋友之间的矛盾，你要就事论事，对他进行正面的引导，别骂他呀。"爸爸走进了儿子的房间，对他说："自己的事情，要自己解决，不能找父母。爸爸妈妈支持你，知道你一定有办法解决这个问题的。"

陈力问："他打我，我要打他吗？"爸爸问："打人是好事吗？"陈力摇头。爸爸又问："如果你愿意和他一起玩，他还会抢吗？"陈力马上想明白了，他说："爸爸，我知道怎么做了，我出去找小同玩了。"陈力走到院子里，对小同说："你别抢了，我和你一起玩吧。"小同点点头，两个孩子又和好如初了。

如果父母像陈力的妈妈一样，在孩子做错事后不是就事论事，而是批评孩子这个人，就会对孩子造成很大的伤害。父母要像陈力的爸爸一样，只对事不对人，孩子会更乐意接受批评。

建议二：允许孩子"申诉"，帮他找到解决之道

孩子犯错后，父母别急于批评，要给孩子一个"申诉"的机会。孩子"申

诉”的过程中，也就是逐步认识错误的过程，父母再稍加指点，就能帮助孩子找出问题的解决之道来。

赵忠拿着一张试卷走进卧室，小声说：“妈妈，这是单元测试，你帮我签字吧。”妈妈拿起来仔细一看，许多题都错了，马上说：“你是怎么考的？这么简单的题都做错了，你真丢人啊。”赵忠的头更低了，他有些害怕。

爸爸在一旁听见他们的谈话，说：“儿子，你拿来，我给你签字吧。”赵忠赶紧走了过去。爸爸仔细查看了试卷，说：“你再仔细看一看这些题，给我讲一讲它们错的原因。”赵忠在一旁坐下，半小时后，他跟爸爸讲明了每一道题出错的原因。

爸爸又对儿子说：“你再找一找与它们对应的课本上的知识点。”又是半个小时过去了，赵忠找到了问题对应的知识点，爸爸又让他把错题都改正过来。赵忠把所有的要求都完成后，也把所有的题弄懂了。爸爸没批评儿子一句，但是儿子心悦诚服地接受了他的建议，并收获了很多知识。

爸爸这种帮助儿子改错的方式，孩子会更喜欢，这样的教育方式也更有效。

建议三：根据孩子的年龄特征，找出引导途径

孩子年纪小，很多时候犯错了，却不能意识到错在哪里，父母可以用各种方法，帮助不同年龄的孩子认识到犯错的原因。

陈洋刚刚 3 岁。妈妈在厨房里做菜，陈洋看到一桌子的饭菜，马上就动手抓起来吃。陈洋刚才在客厅里玩皮球，手上全是灰，妈妈看见了，马上说：“洋洋，停！”陈洋停住了，看着妈妈。妈妈又说：“你还记得妈妈给你买的小叮当洗手液吗？”陈洋点点头。妈妈又说：“你想一想，小手香香的，吃菜是不是更香。”陈洋马上认同了妈妈的建议，赶紧跑进洗手间去洗手。

吃完饭，到了读故事的时间妈妈翻开讲卫生的那一页，声情并茂地给儿子讲了一遍。陈洋马上问：“手上有那么多细菌啊，脏手吃东西会肚子痛吗？”妈妈听后说：“对啊，所以，洋洋也要注意，吃东西前要洗手啊。”陈洋点头答应了。

晚上，爸爸吃饭时忘记了洗手，陈洋马上说：“爸爸，脏手吃饭会肚子痛的。”爸爸听后很惊喜，忙夸奖他：“噢，爸爸犯错了，洋洋真棒啊，知道这么多生活常识。”陈洋指指儿童书说：“妈妈给我讲故事了，我就记住了。”

陈洋的妈妈通过讲故事，有效地引导孩子，让他认识到了“饭前要洗手”

的道理。妈妈没有批评他、制止他，却让陈洋高高兴兴地改错了。

随着孩子年龄的增长，父母引导的方式可以更多。孩子犯错后，父母一定要尊重他，根据他的年龄特点和心理接受能力，选择适宜的引导教育方式，孩子会更快乐地改错。

第六章

不要这样和孩子说话

——和孩子沟通中应避免的不良方式

与孩子正确地交流、沟通是家庭教育的一个重要组成部分，在孩子的身心发展过程中起着无比重要的作用。父母要知道，孩子在接受教育时是有选择性的，并非所有正确的、应该实施的教育内容都会为他所接受。孩子只接受自己乐于接受的内容和方式。因此，父母有必要研究怎样同孩子说话。

对孩子不闻不问，放任自流

教子案例

周宏是一位成功的家长，她的赏识教育法被很多父母效仿，叶真的妈妈就是其中的一员，只不过她理解错了“赏识教育”的真谛。她无限制地包容叶真的错误，甚至叶真说脏话的时候，妈妈也会夸奖孩子学会表达自己的感情。对于女儿犯的一些错误，叶真的父母常常会说：“孩子现在还小，树大自然直，孩子大了就好了。”在这样的教育方式下，自然不会培养出优秀的女儿了。

这天，叶真在学校和一个同学大打出手，原因是那个同学无意中斜着眼看了一下叶真，叶真的怒火就上来了，把那个同学的脸给抓破了。

老师把叶真的妈妈叫到了学校，妈妈竟然鼓励女儿说在学校就不能吃亏。

个案解析

“树大自然直”是很多父母的教育理念，他们尊重孩子的自然发展规律固然有其积极的一面，但是孩子的心智毕竟还不成熟，而且孩子生活在一个有积极面更有阴暗面的复杂社会中，需要来自父母的正确引导和帮助。

在竞争如此激烈的今天，父母的教育方法直接决定着孩子的未来。正确地引导孩子，培养他的能力，使他形成正确的人生观和价值观，这应该是家庭教育的基础。

如果父母平时对孩子不闻不问，放任自流，对孩子表现出来的一些不正常举动也置若罔闻，就势必会影响孩子的正常发展。

每个孩子都有自己的特质，父母要了解自己的孩子，尊重孩子和他人之间的差异，综合考虑自己孩子的特点，选择适合他的教育方法，只有有针对性的教育才能取得成功。孩子最初的智力、能力差距并不大，在学习、生活中所表现出来的优劣和父母的教育是有很大关系的。

家庭是孩子接受教育的第一场所，父母是孩子的第一任老师。父母担负着教育孩子的重大责任。父母所采用的教育方法对孩子的成长影响深远。

科学合理的教育方法是孩子成功的保证，而不良的教育方法则会成为孩子进步的绊脚石。只要父母选择了合适的教育方法，相信每个孩子都会成为天才。

专家给父母的建议

建议一：理解和尊重孩子

家庭教育要从理解孩子开始，父母要加强与孩子的感情交流，营造和谐的家庭氛围，树立良好的亲子关系。父母要了解孩子的性格、兴趣、爱好，不要忽视孩子在家庭中的作用，要保证在家庭中有孩子发表意见的一席之地，使孩子在家庭中的权利和地位得到尊重。

尊重和理解是家庭教育的首要原则。只有在了解自己孩子的基础上才能选择合适的教育方式。尊重孩子的各种需要，鼓励孩子表达自己的思想和感情，给孩子充分的自由。

孩子渴望摆脱对父母的依赖去社会上锻炼，父母要尊重他们的想法，采取适度宽松的教育方法，尊重孩子，让孩子自己选择合适的成长方式。

建议二：改变爱孩子的方式

溺爱孩子是很多家庭存在的教育误区，父母往往以为为孩子做好所有的事情，孩子就有充分的时间来学习，这样就是爱孩子，但这样的教育方法是不理智的。

王女士 40 岁的时候才有了翠翠，自然把翠翠作为自己的心肝宝贝，什么事情都舍不得让她插手。虽然翠翠已经上小学二年级了，但是穿衣、洗衣、收拾文具书本等事情，妈妈都会为翠翠做好。

这次班里组织去旅游，翠翠因为脱衣服很笨拙而受到了大家的嘲笑，其实这是翠翠妈妈教育方法的失败。

父母的溺爱会让孩子失去独立的机会。父母要改变爱孩子的方式，对孩子的事不要包办代替，孩子自己能够做的，父母绝不要插手，孩子需要帮助时，父母只要在方法和思路上给予指导就足够了。

建议三：家庭教育要和学校教育有机结合

良好的家庭教育会使孩子终身受益，而不好的家庭教育自然也会贻误孩子终生。

由于家庭教育是在家庭成员之间进行的，家庭成员的亲密关系使得教育具有初始性和持久性，家庭教育对孩子的影响之大就不言而喻了。

乔乔最近每天回到家后，总是闷闷不乐，妈妈和她说话也不爱搭理。妈妈看到女儿的表现很纳闷，就主动和乔乔的老师联系。原来乔乔这次英语测验分数不理想。英语是乔乔的强项，这次却没考好，所以乔乔很郁闷。

妈妈知道了女儿的问题，就在家里积极地开导女儿，告诉她不可能事事顺心，关键是要以良好的心态来面对挫折。在妈妈的教育下，乔乔及时调整了自己的状态。

孩子多半时间是在学校里度过的，孩子的许多问题并不会直接暴露在家里，这就需要父母注意自己的教育方法，主动和孩子的老师沟通，了解孩子在学校的表现，将家庭教育和学校教育结合在一起，帮助孩子更好地成长。

建议四：父母要借鉴著名教育方法

科学的教育方法会改变孩子的一生。只要教育方法得当，平凡的孩子也能成为天才。父母要在实践中总结自己的教育方法，同时也可以借鉴别人科学的教育方法。

常见的教育方法主要有卡尔·威特的全能教育法、赛德兹的天才教育法、蒙台梭利的特殊教育法、铃木镇一的才能教育法等。

父母在基于对自己孩子了解的基础上选择适合孩子的教育方法，会使得教育的效果更加显著。

天才不是与生俱来的，是靠父母培养出来的，父母的教育方法起着举足轻重的作用。父母要仔细研究著名教育方法的具体操作，帮助孩子变得更加优秀。

对孩子不讲信用，说话不算数

教子案例

英英是个三年级的小学生，很想学溜冰，每天放学后都到溜冰场去玩。但因为英英还小，妈妈担心孩子独自在溜冰场会不安全，就诱导英英说："英英，我们知道你喜欢溜冰。但溜冰场里的人太多，你还太小，一个人去我们不放心。可我们又没时间陪你去。你看这样好吗？这学期你就别去溜冰了，等到你上四年级的时候，我们给你买一双溜冰鞋，那时你在家里就能溜冰了，行吗？"开始的时候，英英不答应，后来想一学期不去溜冰就可以换一双溜冰鞋，感觉还是值得的，就控制住自己对溜冰的欲望，一次也没有再去过溜冰场。

英英坚持了一学期。马上就要上四年级了，新学期就要开始了，英英看妈妈还没有给自己买溜冰鞋的意思，就去问妈妈，没想到妈妈说那是哄她的，是为她的安全着想。又说家里条件不好，不会去给她买溜冰鞋的。英英听到妈妈这样说，伤心地哭了起来。哭了很久的英英，拿着自己的零花钱去了溜冰场，到了很晚都没有回家。英英的妈妈找到溜冰场，看见女儿满脸泪水，正对着溜冰场发呆。

个案解析

每一个父母或许都做过答应了孩子的要求后来却食言的事情。有些父母认为当时这样做是为了应付孩子；或者希望孩子能达到什么目标；或者想让孩子按自己的要求去做，只是随意对孩子开出空头支票，根本没有打算日后兑现。像上例中英英的妈妈那样，对孩子欺骗性地许诺，结果孩子严格按照父母的要求去做了，父母却不想兑现自己曾经的诺言。这样会伤了孩子的心，父母的地位也会因此在孩子心目中下降很多，以后孩子不会再轻易相信父母，并且也会学着父母的样子，说到却不去做，养成撒谎或者言而无信的恶习。

父母没有实现对孩子的承诺，一般有以下几种情况：一是轻易答应了孩子不切实际的要求，而这个要求父母根本就不能满足；二是父母想兑现自己的诺言，也有这个能力，但因为临时出现意外，使承诺兑现不了；三是父母想用缓兵之计来淡化孩子对自己承诺的记忆，以此来让孩子有所改变，却不答应孩子的要求；四是如上例中英英的妈妈那样，只是为了改变孩子的行为，而根本就没想到要兑现诺言。

对于第一种情况，父母不能因为自己根本实现不了，就为自己的食言开脱，而应该在最初，就仔细考虑孩子的要求是否切合实际，自己是否有能力实现，如果不能，就坚决不要答应孩子的要求；第二种情况，父母要给孩子讲明原因，并且障碍一解除，就应及时兑现给孩子的承诺；第三种和第四种情况，父母要坚决杜绝。缓兵之计不会使孩子忘记父母的承诺，而压根就不给孩子兑现诺言的父母，会使孩子心灵受到严重的创伤。

父母答应了孩子的要求就要做到。这样父母给孩子做出了言而有信的榜样，孩子今后也会这样去对待别人，并且养成诚信、守信的品质。因此，父母的一诺值千金。千万不能学上例中英英的父母，做出言而无信的行为，以免伤害孩子幼小的心灵。

专家给父母的建议

建议一：父母随口答应孩子的事情也要做到

很多父母在要求孩子怎么做时，都会随口给孩子一些承诺，答应孩子一些要求，但却没有把自己说的话放在心上，然而孩子不会忘记。如果父母这样随口应承得很多，却经常做不到，就会给孩子留下说话不算话的印象，失去孩子对自己的信任，以后说什么孩子都不会再相信。

翡翡想出去找伙伴玩，妈妈却对她说："先写完语文作业再出去玩。"翡翡听从了妈妈的安排，开始专心写语文作业。语文作业写完了，翡翡刚要站起来出去玩，妈妈又说："把数学作业也写完吧，都写完了再出去玩。"

翡翡生气了。她本来没写作业时就想出去玩，听从了妈妈的话才把语文作业写完，但没想到写完语文作业后妈妈不仅不让自己去玩，还给自己又安排了新的任务。她不能接受妈妈的言而无信，就冲着妈妈嚷道："我现在就要出去玩！你刚才不是答应我了吗？怎么这一会就变卦了？你以后说话我还敢相信吗？"翡翡的妈妈被女儿抢白了几句，也感觉到自己理亏，就答应了女儿现在就出去玩。以后，翡翡的妈妈都不再随口答应孩子什么了，如果应承了，就会按承诺去做。

所以，父母们一定要记住，随口答应孩子的要求也要按当初的承诺设法去兑现。

建议二：不能给孩子兑现的要求坚决不答应

有些父母为了让孩子达到某一个目标，就轻易答应孩子自己以后不可能兑现的要求。孩子因为有父母的承诺，所以向着父母设定的目标前进。经过一番努力，孩子达到了父母所定的目标，而父母却没实现自己当初的承诺，这样会让孩子受到很大的打击，对父母也会失去最起码的信任，有可能还会以同样的做法或其他破坏性做法来报复父母不守信的行为。

生活在广东的杜鹃早就想去北京看看天安门，她一直央求妈妈带自己去。杜鹃家里没有多少钱，平常生活都过得紧巴巴的，所以她的妈妈没有能力带她去北京。但为了让女儿好好学习，就对女儿说："行，你什么时候成绩考到班里第一名，我就带你去北京。"

得到了妈妈的承诺，十分渴望去北京的杜鹃开始认真学习。一年之后，她的期末考试成绩果然在班里排第一。当杜鹃把这个好消息高兴地告诉妈妈时，妈妈却为难了。妈妈原本只是想激励女儿用功学习，才答应带她去北京的。无奈之下，妈妈给杜鹃讲了家里的经济状况，希望女儿能够理解自己的苦衷。对妈妈的解释，杜鹃没有说什么，但以后她再也不相信妈妈所说的话了。

在孩子对父母提出某种要求时，父母切忌不要不假思索地答应孩子，或者为了让孩子达到某种要求而敷衍地答应孩子。父母要认真考虑孩子的要求，如果确实不能达到就要坚决地拒绝，以免给孩子留下父母言而无信的不良印象。

建议三：答应孩子的要求尽量不要拖延

因为父母的承诺，孩子控制住自己幼小贪玩的心，经过一番辛苦努力，终于达到了父母的要求后，父母应该放下手中的事情，立即去兑现自己的承诺，而不要拖延。

余飞想让爸爸给自己买一个遥控玩具飞机，爸爸答应他，如果他语文、数学都考了100分就给他买。为了得到梦想的玩具，余飞不再贪玩，开始用心地学习。有好几次都只是一科考了100分。单科100分没有达到要求，余飞也没有向爸爸索要遥控飞机，只是后悔当初没有要求，只要单科考了100分爸爸就要给自己买遥控飞机。

余飞虽然感觉到自己很难实现语文、数学同时都达到100分，但为了得到遥控飞机，他更加努力地学习。终于，在经过两年的努力后，他达到了爸爸的要求。余飞高兴地让爸爸带着自己去买遥控飞机，没想到爸爸却说自己忙，过几天再去买。余飞听到爸爸这样回答自己，就哭了，而且哭得很伤心，并采取不去上学的方式来向爸爸抗议。余飞的爸爸看见儿子这样，只好放下手中的事情，给他买回了遥控飞机。

父母提的要求越难，孩子付出的辛苦越多，所受的煎熬就越久，时间花费的就越多，若父母不兑现当初的承诺，孩子受到的伤害就会越大。因此，父母要放下手中的事情，及时给孩子兑现承诺，让孩子尽早体会到付出之后的回报。

建议四：以身作则，给孩子当好诚信的榜样

父母对孩子最好的教育方式是用自己的日常行为潜移默化地影响孩子。父母怎么做，孩子就会学着父母的方式去做。

小风是一个言而有信的孩子，虽然她只有10岁，但做事情从不失信于人。这与小风妈妈的良好教育有关。在小风还很小的时候，妈妈就告诉她说话要算数。妈妈不轻易答应小风的要求，但只要答应了，就从来不食言。

小风慢慢长大了，在妈妈说到做到的良好品质的影响教育下，她也学会了不轻易对人许诺，但只要答应了别人，就一定做到。因此，小风刚上小学四年级,老师与同学们就都知道了小风诚信的品格,她在班里也成了说话算数的榜样。

父母想让孩子养成什么样的好习惯,形成什么样的好品格,首先自己就应该具备这样的习惯与品格。父母对孩子一诺千金,孩子才会养成守约诚信的好品质。

一味指责孩子的不是

教子案例

建辉从小就是个令人头疼的孩子,他经常与小区里的孩子打架,在学校对老师搞恶作剧,欺负女孩子和低年级的同学。对于建辉的这些不良行为,父母的一致做法都是:一味地训斥。

但是训斥显然没有达到父母想要的效果,建辉反而变本加厉了。

"世界上怎么会有你这种孩子?""你不照顾自己的脸面,也照顾照顾爸妈的脸面啊!""我看你,真是没救了。""你有本事怎么不用在学习上?这些坏事你做再多,也只是让我们全家丢脸而已。"对于父母的训斥,建辉毫不在乎,总是左耳进,右耳出。父母拿他一点办法也没有,还不得不为他收拾他闯祸后留下的烂摊子。

个案解析

我国著名的数学家苏步青在谈到中国的教育时,说起自己幼年时的经历:"我小时候是个差等生,学习成绩在全班同学中总是倒数第一。比较起来,我的语文成绩较好。有一次,我将写好的作文交给语文老师,他认为我是抄袭的,并当场讽刺我,这使我的自尊心受到了很大伤害。以后在他讲课的时候,我的眼睛总是往外瞅,不愿和他对视。"

苏步青的经历很好地说明，随意羞辱孩子，将会给孩子带来对立的情绪。当教育者与被教育者之间不能相互信任时，教育是难以取得成功的。随意羞辱责骂孩子，将会伤害孩子的自尊心，影响孩子与父母之间的亲密关系，甚至对孩子的一生都会造成难以弥补的伤害。

与打骂不同的是，羞辱和责骂更容易伤害孩子的内心。良言一句三冬暖，恶语伤人六月寒。这句话生动地说明了羞辱和责骂的危害性。对于孩子来说，语言暴力甚至比肢体暴力更令他们受伤。

孩子缺乏生活经验，往往不明白父母的话的真实用意，也不懂得如何结合父母平时的行为来判断他们内心的想法，因此他们会简单地从父母的话语中，得出父母对自己的评价，认为自己不受父母喜爱，一无是处，从而丧失自信心，不敢与父母进行交流。而当他们从他人那里获得赞赏与鼓励时，他们又会反过来觉得父母对自己很苛刻，从而不相信父母，逐渐疏远父母。

还有一些父母随意羞辱和责骂孩子，却美其名曰"激将法"。他们不知道，孩子远远无法理解父母这种用心颇深的"激将法"。如果这种方法真的有效了，孩子也不会认为是父母"激将法"的作用，而会更加怨恨父母的尖酸刻薄，从而使得亲子关系日渐疏远。

一味地训斥，只会让孩子更加怀疑自己的能力与水平，而不会起到任何激励的作用。父母必须改掉任何对孩子的羞辱与责骂的行为，因为这种教育方式是极其不尊重孩子人格的，而教育的基本前提就是尊重与理解。

专家给父母的建议

建议一：冷静地对待孩子的不良表现

"爱之深，责之切"，当面对孩子的不良表现时，父母都难掩失望之情，情绪容易失控。而情绪失控会使人做出错误的行为，因此，面对孩子的不良表现，父母一定要冷静。

例如，孩子闯祸了，父母十分气愤，父母此时可以借口离开，等自己情绪平复下来后再与孩子谈论这件事情。父母一定不要在气头上教育孩子，因为那时难免会说出羞辱刻薄的话语，既伤害了孩子，又达不到教育的目的。

建议二：伤害孩子后要及时道歉

父母若没能控制好自己的情绪，无意中说出了羞辱和责骂孩子的话，一定要及时道歉，请求孩子的原谅，以减少和消除由此带来的不良后果。

海艳是家中唯一的孩子，聪明、漂亮，令人疼爱。但是，父母突然发现，刚上初二的海艳居然谈恋爱，这让平时不太言语的父母恼羞成怒。被爸爸一番言辞激烈的羞辱之后，海艳离家出走了。

爸爸冷静下来后，意识到自己的言辞有些过激，说的话伤害了女儿。他立即主动联系海艳的老师和同学。找到女儿后，爸爸真诚地向女儿道歉，请求她不要计较自己那些"难听"的话。刚开始，海艳根本不理睬爸爸，但最后爸爸的诚意打动了她，海艳最终主动与爸爸和好，并且与那个男孩子分手了。

当父母的言语过于激烈，说了羞辱孩子、伤害孩子人格的话后，一定不要装作若无其事，因为孩子此时一定很伤心，必须经过处理才能治愈，因此父母应该主动地、真诚地向孩子道歉，请求孩子的原谅，才能让事情有一个比较理想的结果。

建议三：体会孩子被羞辱后的心理感受

被父母羞辱后，孩子会觉得十分受伤和无助，但是许多父母却没有意识到这一点，从而不能很好地反思自己的行为，也就不能纠正自己错误的教育方式。

曼妮数学成绩不太好，为了得到表扬，她与同桌签订了"考试互助协议"，商议考试后互相对家长隐瞒较差的真实成绩。后来事情败露，曼妮的妈妈当时就责骂她："你真是不争气啊，做这么丢人的事情！我都替你感到丢人。"曼妮的泪水夺眶而出，从此拒绝与妈妈说话。

晚上，曼妮的妈妈坐在书桌前，闭着眼睛设想自己是曼妮，最终意识到自己的话是多么伤害女儿的自尊心。她流泪了，既为自己说出的那些话而懊悔，也为女儿感到心疼。她真诚地向女儿道了歉。从那以后，她再也没有说过羞辱孩子的话。

平常，父母可以静静地坐在书房或者公园某个安静的角落里，设想一下如果自己是孩子，受到父母的责备与辱骂后，会产生什么样的感受，从而意识到自己错误的行为,并及时改正过来。

建议四:不要滥用"激将法"

有些父母故意运用"激将法"来激怒孩子,以促使孩子奋发图强。这种方法要适度运用,才能达到预期的效果,稍有不慎,就会达不到目的,而且还会伤害到孩子。所以,父母一定要谨慎使用这种方法。

而且,父母也不要盲目采用名人故事来"激将",因为孩子与那些人所处的生活环境不一样,孩子的个性不一样,父母本身的知识层次、人格魅力等也不尽相同,即使运用相同的方法,也不一定能带来同样的效果,反而可能伤害亲子之间的感情,造成两代人之间情感的淡漠。

建议五:不要说伤孩子自尊的话

批评教育与羞辱责骂的区别在哪里?如果父母在教育时使用了伤害孩子自尊的话,那么批评就变成了羞辱。

陈绍南作文总是写不好,令老师和父母头疼极了。为了让自己的作文分数提高一点,他开始抄袭。妈妈知道后,与他进行了一次交谈:"抄袭对不对?"绍南摇摇头。由于绍南一直一言不发,妈妈有点不耐烦地说了一句:"抄袭的人,素质极其低下,你知道不知道?"话音刚落,绍南就起身回到自己房间,"砰"的一声将房门关上了。

父母在教育孩子时,应该"对事不对人",不要对孩子进行人身攻击。孩子抄袭,父母可以批评抄袭这种行为,但是不应该对孩子进行人身攻击,说孩子"素质低下",这就是伤害孩子自尊和人格的言语。

以爱的名义约束孩子

教子案例

王颖已经4岁，可是她现在身边连一个较好的小伙伴都没有，其中的原因要归结到妈妈身上。妈妈40多岁时才生了王颖，对她自然呵护备至，除了包办她日常生活中的所有事情外，还限定了她的交际范围。

妈妈要求王颖周末老实在家待着，不允许她出去玩，怕她有危险。王颖想自己洗衣服，妈妈怕她累着；王颖想自己端饭，妈妈怕她烫着……但是王颖却没有因此变得开心，她觉得自己完全受妈妈的摆布，没有自由。

个案解析

现在很多父母都不想让孩子受苦，于是竭尽全力地从各方面满足孩子的需求，甚至包括无理的要求，代替孩子完成孩子自己力所能及的事。他们以为，这样就能保证孩子幸福健康地成长。

但是孩子并不会因此对父母心怀感激，他们反而会认为父母束缚了自己的自由，因此和父母产生隔阂和矛盾，也很难和父母保持良好的沟通。

好父母要站在孩子的角度考虑问题，充分尊重和理解孩子的想法，不要过度约束孩子，要还给孩子属于他自己的空间。

适当的约束，可以让孩子学会遵守生活和社会规范，掌握基本的礼貌和人际交往常识，促使孩子养成良好的习惯。父母对孩子过度的爱，尤其是以爱的名义对孩子进行限制和约束，会剥夺孩子的自由，不利于孩子自主性和实践能力的提高。

因此，好父母不要以爱的名义约束孩子，而要让孩子在爱中既得到情感的满足，又能有更多的机会去探索外面的世界，尝试做各种事情。

专家给父母的建议

建议一：把握好爱孩子的“度”

父母爱孩子是人之常情，但是在爱孩子的过程中，要讲究原则，把握分寸，合理控制对孩子的爱，把握好爱孩子的“度”。

在很多人眼里，念念比同龄孩子显得更懂事，当别的妈妈在为孩子不能自己穿衣服犯愁时，念念已经会洗衣服了，这和念念妈妈从小就大胆地对她放手、让她尝试做事情有关。

从2岁起，念念就有了自己独立的房间，妈妈坚持让她自己睡觉、起床、穿衣服。妈妈很爱女儿，可更希望女儿早日独立。懂事的念念知道这是妈妈爱她的表现，就非常认真地按照妈妈的要求去做。

好父母应该给孩子适度的爱，让孩子在父母的爱中，丰富自己的情感世界，进而升华为进步的动力，而不是让过度的爱成为约束孩子成长的障碍。

建议二：用爱帮助孩子成长

父母的爱能够帮助孩子成长。父母的爱应该是孩子成长道路上不竭的动力，而不能成为孩子前进的阻碍。

父母不要约束孩子，要以促进孩子的成长为目的对孩子进行管教。当孩子犯错误时，父母要用爱安慰孩子，帮助孩子认识自己的问题，努力地改正；当孩子取得好成绩时，父母要用爱表达对孩子的赞赏；当孩子迷茫时，父母要用爱为孩子指明前进的方向。这样，孩子才会在父母的爱中取得进步。

建议三：在尊重的基础上爱孩子

教育要尊重孩子的天性，重视孩子的自主权。让孩子自己做决定，自己解决遇到的难题。父母不应该以爱的名义，强迫孩子按照自己的要求去做事，而要尊重孩子的意愿，不过多干涉孩子的生活，让孩子在尊重中成长。

刘敏已经是初三的学生，她的身体状况一直不好，为此妈妈对她很照顾。刘敏的学校安排住宿，但是妈妈担心女儿吃不好、睡不好，所以每天都会骑车去接刘敏放学回家，早晨还会送她去学校。

刘敏觉得自己有能力在学校里好好照顾自己，她不想妈妈每天那么辛苦地接送自己，就将自己的想法告诉了妈妈。虽然妈妈很爱她，但为了锻炼女儿，妈妈答应了她的要求，放手让她到学校住宿。

有智慧的父母要将自己置于和孩子一样的位置，以平等的态度和孩子进行交流和沟通，不给孩子太多的束缚，让孩子尽早学会自理、自立、自主。

建议四：给孩子自由的时间

很多时候，父母为了让孩子更加优秀，总是把孩子的时间安排得满满的，除了孩子正常的学习外，还会为孩子安排很多特长培训班。父母用这种方式表达对孩子的爱，但实际上，这对孩子的健康成长是不利的。

父母应该解除对孩子的束缚，不要让爱扼杀了孩子解决问题的能力。给孩子自由的时间，让孩子自由地成长。孩子自己能做的，不要试图去帮助孩子，让孩子学会对自己的行为负责。

建议五：给孩子适度的空间

很多父母出于对孩子的爱，将孩子束缚在自己的身边，限定在自己的视线范围之内。即使孩子不在身边，也会随时关注孩子的一举一动，以为这就是对孩子的爱。

其实不然，这样会阻碍对孩子独立性的培养。如果孩子只能在父母规定的范围内活动，就会缺乏自主性，养成依赖性，不能按照自己的意愿做事，这也会使孩子不满，造成亲子关系的不和谐。

在孩子耳边不停地唠叨

教子案例

黄军刚上初中，现在，他只要一听到妈妈开口，总是防御性地捂住耳朵或者躲开妈妈。星期天，黄军刚放下书包，妈妈就说："快换鞋，然后洗手吃饭，妈妈早就准备好了。"黄军刚坐下来，妈妈又说："多吃点蔬菜，什么都要吃一点，别只拣自己喜欢的吃。"

黄军进门后，还没说一句完整的话，妈妈已经唠唠叨叨很多遍了。黄军只好说："妈，我都记住了，你去忙吧。"妈妈知道儿子又开始厌烦了，就走开了。吃完饭，黄军开始做作业。妈妈走过来说："慢慢做，别着急，不会的先放着。"黄军说："我都上初中了，知道了。"

黄军常向同学倒苦水："我妈就是一个管头管脚的管家婆，我真烦死她了。"大家马上应和说："是啊，我妈也是这样，只要我一做事，她准开始唠叨个没完。"

个案解析

父母尤其是妈妈的唠叨，是一种习惯，也是出于一种爱护孩子的心理，他们觉得孩子太小了，要多教导他几遍才行。年龄稍大一些的孩子有了自己的主张，认为自己事事都清楚明白，就会反感父母的唠叨。

"唠叨"父母的表现如下：总是担心孩子，孩子的小事也是大事，什么理论都要千万遍地灌输和说教；批评孩子的言语总是那几句，并且反反复复地说，时常表达不当或过激；指责孩子的方式简单化，稍有小错，就新账旧账一起算；等等。

孩子在唠叨声中长大，对他的身心成长不利。孩子长期听父母的唠叨，会产生一种习惯性的模糊听觉，明明在听，却根本不入心。上课时，就会严重影响他的听课质量。孩子听惯了唠叨，就会成为“金刚不坏之身”，就算“金玉良言”，孩子也会将之挡在心理“防火墙”外。

父母长期用唠叨教育孩子，就会让他养成“心理惰性”，对批评和说教都无动于衷，这样肯定达不到教育的目的，甚至会产生反面作用。例如，处在青春期时期的孩子就容易因唠叨走向教育的反面，甚至变坏。

父母本以为多唠叨，孩子能够变好，殊不知，唠叨多了孩子就会反感，就更不会听话。唠叨式说教，常常是孩子最讨厌的教育方式。

专家给父母的建议

建议一：注意批评方式，忌简单化、重复化

唠叨多半是一种教诲，父母希望孩子按自己的意思来。因为父母害怕孩子犯错误，或者孩子又犯老错误，所以父母喜欢唠叨。

今天六点有足球转播，刘海一回家就急忙打开了电视。妈妈走出来说：“说过多少遍了，先做作业再看电视，快关了。”刘海说：“今天有足球赛，作业也不多，我一会儿就能做完的。”妈妈开始批评他：“一心想看电视，怎么能搞好学习呢？难怪你成绩下降了。”刘海心情糟透了，每次看电视，妈妈总是这么翻来覆去地说，让他烦死了。刘海愤愤地关上了电视，走进了自己的房间。

父母反复唠叨，使用同一种语气、言辞，持续地批评孩子的行为，容易引起孩子的反感。孩子有时会表现出一些过激的行为，这往往与父母批评他的方式有关。

建议二：学会肯定孩子的长处

父母应对孩子的长处多表扬，让孩子能够认同自己的话。父母一旦获得孩子的信任，再教导孩子时，孩子就会更乐意听取。

董清的妈妈和儿子的关系很好，妈妈很欣赏儿子，常常夸他在学习、生活中的一些表现。董清有时把事情办砸了，妈妈会给他指导方法，让他下次小心。董清不排斥妈妈的想法，总是认真听取，力争下次做得更好。

父母如果一味地指责、数落孩子的不是，就容易让他产生自卑、逆反的心理。这样一来，孩子会对父母的说教非常排斥。孩子不听父母的唠叨，父母的教育效果就达不到。

建议三：学会了解孩子的情绪

孩子也有高兴或烦恼的时候，父母不分时机地说教，往往会适得其反。孩子心情愉悦时，往往容易接受父母的“大道理”；孩子不高兴时，父母说得再对，他也听不进去。

陈良单元测试没考好，回家后心情很糟糕。他进门时，碰倒了墙边的雨伞，妈妈马上说：“这么大了，怎么老是不看路，碰倒东西也不扶。”妈妈说完又开始唠叨，陈良听着，由羞转怒地说：“妈，你再唠叨，我今天就离家出走，我待不下去了。”

孩子心情不佳，父母又不分时机地唠叨，容易出现“火上浇油”的现象，孩子很容易就会被激怒。此外，有些孩子面对父母的唠叨，喜欢加倍地压抑自己，使心情差到极点。这两种情况都不利于孩子的身心健康。

建议四：对孩子说的话要合理

如今的孩子都很聪明，接受信息的途径也很多，什么东西都懂一些。父母在说教时，不能信口胡说，如果与孩子所掌握的信息完全相反，他当然不会听父母的。父母在对孩子说教时，一定要注意道理的合情合理性，让孩子心悦诚服地接受。

对孩子要求过高

教子案例

凌凌原来是一个非常活泼、开朗、懂事的孩子，5 岁时父母省吃俭用给她买了一架钢琴，并为她请来了钢琴老师。她每周去老师那儿上课，课后由爸爸天天带着她练琴。从此以后，爸爸希望凌凌能很快成为钢琴神童，于是每天练琴时，凌凌耳边不时会传来爸爸急躁的吼叫和怒骂声，家庭气氛明显地变坏了，学琴成了凌凌无法摆脱的痛苦，上课时老师也难得满意一次。

然而凌凌从小就非常懂事，她理解父母是“为自己好”，她也知道“必须忍受”的道理。凌凌就在这样的心理状态与家庭氛围中长大了。当凌凌上小学二年级时，周围的人都注意到她变了，变得孤僻寡言，胆小怕事，不愿学习，害怕困难，回到家里也很少和父母说话，与父母的关系变得越来越疏远。

▲ 个案解析

20 世纪 30 年代，鲁迅先生曾写过一篇《我们现在怎样做父亲》的文章，那时候，父母亲过分强调“恩”，讲究让孩子报恩。如今的父母过分强调“爱”，讲究向孩子献爱。但这种以牺牲自我为代价，将生命的赌注全押在孩子身上的爱似乎太沉重了。中国的父母望子成龙的心情特别迫切，父母对孩子的期望值过高已成了一种特殊的病态。

父母几乎大半生都在为孩子活着：从孩子出生到上学就业、结婚成家，再到孩子生儿育女，几乎全过程都恨不得承包。这种“承包一切”的爱，充分表达了父母的慈爱之心，但并没有给孩子的健康成长带来适当的能量和养料。

很多父母之所以把过高的期望强加在孩子身上，是因为他们知道现在的社会竞争很激烈，希望孩子从开始就赢在起跑线上，以增加孩子将来胜出的概率；也有些父母因自己某方面的不足，希望在孩子身上得到弥补，而不顾孩子的喜好与特点，把自己过高的期望强加在孩子的身上；还有些父母片面地认为，孩子成绩好将来就能成功，从而天天盯着孩子的成绩，希望孩子能次次考第一。无论哪种原因，父母不顾孩子的能力特质、天生禀赋而把自己过高的期望强加在孩子的身上，都不会有理想的结果。

父母强加给孩子过高的期望，会严重影响孩子身心的健康成长。上海市教育科学研究院普通教育研究所对 800 名上海市区幼儿园家长进行的一项调查显示：超过 95%的被调查者希望自己的孩子受教育的程度要达到或超过大学本科，对子女就业期望率最高的职业依次是：医生、工程师、大学教师、科技人员、演员、运动员、作家、翻译，所占百分比在 2.4%～6.7%之间，而目前上述几类从业者在全部就业人员中的比例不足1%。

父母对孩子抱有的期望，应该是在充分了解孩子各方面的基础上，让孩子经过努力可以达到的。父母为孩子提供学习的便利条件、满足孩子各种学习的要求、对孩子表现出积极负责的态度等，会增加孩子的自信，激发孩子的学习动力，使自己主动挖掘自己的潜力，最终达到父母的期望。而把过高的期望强加在孩子身上，会给孩子带来巨大的压力，甚至造成难以弥补的伤害，严重影响孩子的前途与幸福。

专家给父母的建议

建议一：顺应孩子的成长规律，杜绝拔苗助长

很多父母都希望孩子有个美好的未来，但缺乏科学的教育理念，常使他们把自己的期望强加在孩子身上，对孩子进行超前教育，其结果只能是揠苗助长。

万哲是一名初二的学生。他的成绩在小学的时候不算拔尖，上了初中后，成绩却有了很大的进步，在学校的一次摸底考试中，万哲考出了全班第二名的好成绩。

万哲的父母不像别的父母那样对孩子期望过高，他们知道遵循孩子的成长规律进行教育的重要性，知道对孩子拔苗助长最终不会有好的效果。因此他们对万哲的教育，采用了符合孩子生理、心理成长规律的方式：幼儿阶段尽量发展他爱玩的天性，让孩子快乐地成长；小学阶段，也不对孩子提过高的要求，而是让孩子一步步打下良好的基础。

经过小学六年的踏实学习及知识积累，万哲有了坚实的基础，也掌握了科学的学习方法，所以刚上初中的他就显示出了自己蕴藏的巨大潜力。此后的中学阶段，他学习各科的课程都很轻松，学习成绩也一直名列前茅。

教育孩子，应从孩子的实际出发，顾及孩子的爱好与特长，尊重孩子成长的自然规律，指导孩子一步一个脚印地稳步发展，才能达到最好的效果。

建议二：对孩子的期望要实际

父母对孩子的期望要符合实际，顺其自然。要设身处地为孩子分忧解

难，而不要强硬地逼迫孩子，无休止地对孩子提出要求，急于求成。这种拔苗助长的方式只会事与愿违。

有一个孩子问父亲："人家挣 1 000 元，你怎么才挣 800 元呢？人家住三居室，你怎么住筒子楼呢？人家有高级职称，你怎么还是助理呢？"

这位父亲虽然很有涵养，但最终还是受不了孩子这样的提问而大发雷霆。他认为儿子怎么能不顾实际情况而一味地要求老子挣大钱、住好房、有高级职称呢？后来，这位父亲试着换了个位置，站在孩子的角度去思考，由此悟出了一个道理：对孩子的要求要合情合理，符合实际。

父母应该根据孩子的兴趣、能力、素质等各方面的实际情况，提出孩子经过努力可以达到的期望。对竞争意识不是很强的孩子需要这样，对好胜心很强的孩子，更要如此。根据孩子的实际情况提出期望，引导孩子定下合理的目标，才能避免孩子由于压力过大或焦虑过度而产生影响身心健康的不良后果。

建议三：不以考分论成败，提升孩子的综合素质

现在的父母，大多数都只看孩子的成绩，认为孩子成绩好就万事大吉，一心希望孩子将来考取名牌大学，因此只注重孩子的学习，忽略了对孩子综合素质的培养。如此培养出来的孩子，即便成绩很好，也不一定能在社会中成就大事，因为其他方面的不足会严重影响孩子的成功。

郭菁菁是个初二的女生，学习成绩只是中上等，但她在其他很多方面都表现得比较突出，经常受到老师和同学的赞扬。一次，学校里举行辩论赛，郭菁菁也参加了，她精彩的言语、犀利的论断、灵敏的反应受到了评委们的高度赞扬，因此获得了"个人口才奖"。运动会上，郭菁菁参加了多个项目，成绩也都不错。在生活方面，郭菁菁更是一个好手，大部分家务活她都能做得非常好。

郭菁菁综合素质好，是由于父母的教育得法。在别的父母只看重孩子分数的情况下，郭菁菁的父母却有意识地对她进行综合能力的培养，如让孩子做家务、生活自理、看电视上的演讲比赛、鼓励孩子参加各种竞技活动等。这样，虽然郭菁菁的成绩不是班里最好的，但却是一个被老师与同学们公认的各方面能力发展最全面的学生。

父母不要一提起学习就和成绩、差距、名次等联系起来，这些都是结果。如果父母过分看重这些结果，孩子就会一学习就容易急躁、消极，从而对学习失去兴趣。把到终点看做是目的，就谈不上学习的乐趣。科学教育的观点是：学习成绩并不能决定一个孩子的优劣，每个孩子都有自己的发展前途。父母应该及时树立这样的科学教育观念。

对孩子进行讥嘲和讽刺

教子案例

红红今年5岁，是个聪明但又执著的孩子。有一次，老师教了算术：1+1=2，同学们很快都学会了，红红也知道了1+1=2。但是红红回到家后，越想越感觉疑惑，为什么1+1=2是正确的，1+1=3就是错误的呢？实在想不明白，她就去问妈妈。红红的妈妈听着女儿的发问，想到爱迪生在上学的时候对2+2=4也产生过类似的疑问，她笑着随口说道："我们家也要出一个大发明家了。"

红红看着妈妈笑眯眯的模样，追问谁是爱迪生。妈妈很敷衍地把爱迪生的故事讲给了孩子听，并且特别提出了老师说爱迪生智力有问题的细节，并且还告诫女儿说："1+1=2是正确的，不能等于3，也不能等于其他任何数。你以后不要问这样的问题了，在学校里更不能问老师这样的傻问题。"末了还补了一句"真是个傻孩子"。

红红感觉到妈妈在嘲笑自己，对自己的想法也失去了自信。她记住了妈妈的话，虽然还是很疑惑，但却再也没有问过类似的问题。

个案解析

孩子因为小，没有生活经验，经常会问一些让大人哭笑不得很难解答的问题，谈些自己将来的梦想，提一些不现实的要求，父母对这些都应该理解和接受。在这些无忌的童言中，可能隐藏着大人没有发现的孩子的独特天赋。像上例中的红红，有可能真的如爱迪生一样聪明而富于创造力，但由于妈妈没有给予她应有的鼓励，反而采用嘲笑的态度去限制女儿提问，这样就极有可能把一个天才扼杀于摇篮中。

嘲笑，会让人感觉没有受到尊重，但成人有调整自己思想情绪的能力，即使听到嘲笑的声音很不舒服，但只要认为自己是对的，也会坚持下去。而嘲笑对于孩子来说，其负面影响要严重得多。不管是何种类型的嘲笑，如果孩子意识到大人是在取笑自己，就会手足无措，失去继续做下去的勇气，对自己别的方面也会逐渐失去信心，出现萎缩倒退的心理，以至于影响其一生的健康成长。因此，无论孩子的想法多么新奇和幼稚，问得如何不合常理，父母都一定不能像上例中红红的妈妈那样去嘲笑孩子。当然，父母嘲笑孩子是没有恶意的，但不管嘲笑的本意是什么，父母都一定要杜绝。

有些父母对孩子说话可能很随意，并不存在嘲笑孩子的意思，但孩子容易产生误解，觉得大人是在嘲笑自己，这就会使孩子受到伤害，也会影响到孩子对自身的认识。因此，父母在对待孩子时，既不能采用嘲笑的态度，而且还要慎重选择说话的语言。不能不加思考，张口就说，要尽量避免使孩子产生误解，不在孩子的心中留下阴影。

每个孩子都渴望得到大人的尊重，每个孩子都需要父母的赞赏而不是嘲笑。因此，父母在任何时候，任何场合，都要慎用自己的语言与表情，切忌对孩子进行嘲笑，避免上例中红红的事件再次发生。

专家给父母的建议

建议一：永远不要讽刺挖苦孩子

孩子有时候可能会说出与自己目前水平相差悬殊的话，产生不切实际的梦想。这时，如果父母讽刺挖苦孩子，孩子的梦想就会真的只是空想；而父母若是对孩子的梦想进行鼓励，孩子可能会从此开始发奋，总有一天会把梦想变成现实。

伊凤麟是小学四年级的学生，成绩一般，无论是父母还是老师，对他的将来都没有抱什么希望，然而伊凤麟却自我感觉很好。

一天，妈妈从姥姥家回来，跟爸爸说伊凤麟的姥姥生病了，医院里最好的医生都不能查出是什么病，不知道应该如何去治疗。正在看电视的伊凤麟听到了父母的对话，走到他们面前说："我长大后要当最好的医生，给姥姥治病。"伊凤麟的妈妈看着孩子认真的模样，想着他平凡的成绩，正想拿话挖苦他一番，忽然意识到这正是教育孩子的好机会，于是笑着回答儿子说："嗯，妈妈相信儿子你能行。现在好好学习，将来出国学习最先进的医术，肯定能攻克你姥姥这样的病。"

伊凤麟听完妈妈的话，没有再去看电视，而是转身回房间学习去了。

父母们要像伊凤麟的妈妈一样，对孩子看似不切实际的梦想进行鼓励，而不是对孩子讽刺挖苦，这会对孩子努力学习产生很大的推动作用。

建议二：不拿孩子的短处开玩笑

每个孩子都有短处，有缺点，父母一定不能拿孩子的这些弱点去开玩笑。有时候孩子的言语表情可能让人发笑，但父母同样不能随便对孩子开玩笑。因为稍有不慎，父母就会在不经意间伤了孩子的自尊。

王锐今年上小学三年级，是个敏感的孩子。有一次，王锐感冒了，总是发烧，病了很长时间都没好。生病期间，王锐很少说话，妈妈天天都围着他转来转去，哄他开心，做各种表情逗他说话。王锐看着妈妈滑稽的表情，脸上露出了笑容。

两天后，王锐感觉自己的病好了一些，就叫妈妈把自己的运动服拿来，他想到外面走走。因为发烧了很多天，王锐的嗓子都嘶哑了。妈妈听到儿子开口说话，很是高兴，又听到儿子声音沙哑，爱开玩笑的妈妈拿来衣服后对儿子说："你听听，你现在说话的声音就像是乌鸦一样，还是不开口说话的好。"说完自己哈哈地笑了起来。而此时的王锐，听到妈妈这样说自己，心里别提有多难受了。他没有了出去散步的心情，看到妈妈拿来的衣服也没有穿。

妈妈还没有意识到自己开玩笑的话伤了孩子，问王锐为什么不换衣服。但无论她怎么问，王锐一直一声不吭。此时，王锐的妈妈才想到，自己不经意的一句玩笑话伤了孩子。

有些取笑孩子短处的玩笑话也许对成人来说不算什么，但孩子却常常会对父母的玩笑话认真，甚至会因此受到伤害。所以，父母要避免随意拿孩子的短处开玩笑。

建议三：跟孩子说话要慎重选择语言

每个孩子都需要父母的夸奖，只有在赞赏中长大的孩子才会身心健康。有些父母不会教育孩子，随意指责孩子，不顾及孩子的内心感受，这是不负责任的表现。

小月的父母都是知识分子，对孩子的教育很有方法。小月爱提问，每天都会有很多稀奇古怪的问题，还喜欢打破砂锅问到底。小月的父母不管自己是否知道女儿所提的问题，都会慎重回答，还会选择恰当的语言评价孩子的提问。即便女儿有时候提的问题很荒唐，他们也从没有嘲笑过小月，总是夸赞女儿提的问题好，鼓励小月多提问。

小月在父母的鼓励下，更加爱提问题。这使她不仅思维活跃、思路宽广，而且也增加了更多的知识，为将来的成功打下了良好的基础。

面对孩子天真的想法和不着边际的问题，父母应该学会耐心地引导，用赏识的态度慎重选择恰当的语言，而不能嘲笑孩子，更不能用“傻瓜”“烦人”“不要你了”之类的字眼去评价和应付孩子。

不尊重孩子的隐私

教子案例

一位父亲有一次未敲门就进入了儿子的房间，儿子竟恼怒地大声问道："有什么事？为什么不敲门就进来！"这位父亲十分伤心："白养你这么大了，怎么这样跟我说话？"

可是，儿子在自己的日记中却这样写道：我看书写作业时，有时学着学着，感到背后有喘气声，猛一回头，发现爸爸或妈妈正在偷偷地看我。每当这时，我就觉得肯定是自己做错了事。对他们不敲门就进我的房间我特别反感，每个人都要尊重别人的隐私，父母也不例外。

个案解析

世界著名教育家斯特娜夫人说："自尊心是一个人品德的基础。若失去了自尊心，一个人的品德就会瓦解。"自尊心每个人都有。孩子，作为一个独立的个体，同样也具有自己敏感的自尊心。

孩子渴望被尊重、被承认。千万不要以为"请勿打扰"这四个字只会出现在宾馆的门把手上。实际上，很多孩子也会在自己房间的门把手上挂上这几个字。

随着孩子的成长，父母对孩子的担心，慢慢地会转变为不放心和不信任。于是一些父母就会采用偷听孩子的电话、偷看孩子的日记，甚至雇用私人侦探"跟踪"孩子的办法来干涉孩子的生活。

孩子之所以要求父母"请勿打扰"，根本原因在于父母忽视了孩子的独立性和自尊。

孩子大了，心中自然会有不愿告诉他人的秘密。尽管孩子内心世界的秘密有正确的也有错误的东西，但毕竟是孩子成长、成熟的表现，也是孩子成长过程中的正常现象。父母对此应该予以尊重，千万不能因为子女不再像以往那样和自己说心里话，有事瞒着自己或给抽屉上锁而心急、焦虑，更不要采取“偷看”之类的方法。

否则，只会给孩子的心灵蒙上沉重的阴影。因为孩子本来就敏感，很难忍受别人的误解和偏见，而且，随着孩子的成长，有了更强的独立性，需要更自由的空间。父母只有试着去了解他们，与他们沟通，才是减少子女对日记本的“感情依赖”，鼓励他们与父母共享苦乐的良好方法。

当然，有许多父母其实是怀着一种矛盾的心情翻看孩子日记的——知道翻看日记本是不妥的，但又无可奈何，生怕孩子受到外界不良因素的影响。那么，这就需要父母注重平时与孩子的交流，特别是在充分尊重孩子人格与隐私的基础上，平等对话，交流情感，循循善诱，让子女主动敞开心扉。

至于私拆孩子的信件，更是错误的。因为无论是《中华人民共和国宪法》还是《中华人民共和国未成年人保护法》都明文规定，公民的通信自由不容侵犯，未经允许拆看他人的信件，是违法的。

毫无疑问，保护孩子的“隐秘世界”是对孩子的尊重，父母也会因此赢得孩子的敬重和爱戴。

专家给父母的建议

建议一：用心了解，掌握孩子的蛛丝马迹

在复杂的社会环境中，一些不健康的因素在悄悄地腐蚀着孩子的心灵。如抽烟喝酒、结交一些不三不四的朋友、晚间外出甚至彻夜不归、早恋等。父母应及时观察和掌握孩子的这些“隐秘世界”的蛛丝马迹，从而对孩子作出正确的引导。

建议二：平时多沟通，营造轻松的家庭氛围

随着年龄的增长和独立人格的形成，孩子的“保密性”越来越强，如日记、书信、与同学交往和谈话的内容，都不愿主动向父母透露。这时父母可以主动地找孩子交谈，实现与孩子情感上的沟通，营造家庭中平等、民主、轻松的氛围，使孩子感到自己和父母之间不仅仅是血缘上的亲子关系，更是生活中可以彼此信赖的朋友。这样一来，孩子也很愿意把自己心中的秘密告诉父母。

建议三：有的放矢，引导孩子健康成长

尽管孩子的自主意识在增强，但其正确的人生观尚未形成，是非观念也不强，仍缺乏自我克制的能力，所以在处理诸如学业、情感、人际关系、生活等方面的问题时，还把握不好尺寸。因此，父母在细心观察孩子的思想动态，掌握孩子内心“隐秘世界”的同时，要根据其性格、爱好等有针对性地采取措施，培养孩子分辨是非的能力。当孩子有了自己的爱好、理想甚至异性朋友时，更应循循善诱，对孩子加以引导。使孩子在学习和生活中把握自己的思维、生理和内心隐秘，规范自己的品德和人格，让他学会如何去辨别朋友、增进友谊、处理矛盾，并不断排除和修正内心隐秘世界中非健康的因素。当然，父母还要允许孩子有自己的秘密，内心的秘密是每个正常人具备的基本内容，从这个意义上讲，尊重孩子的“隐私”，就是尊重孩子的人格。

父母要了解孩子对“受他人尊重”的需要，保护孩子的自尊心，尊重孩子的隐私。

过度干涉孩子的自由

教子案例

夏平参加了一个夏令营，是辅导员的助手。夏平是个开朗、热情、公正的孩子，他当助手深得大家的拥护。妈妈对夏平很放心，也就不担心他的夏令营生活。

有一天，妈妈接到了夏平的电话，他说自己心情很差。妈妈问：“怎么啦？

跟妈妈说说吧!"他说:"今天,以前的王辅导员回校了,陈辅导员上任,他对我们这些助手很凶。今天早晨,我没在规定的时间召集队员到早餐处,他当众狠狠地批评了我一顿。"夏平说着,声音沙哑了。

妈妈很为他难过,说:"你是义务去帮忙的,他没有理由这样对你,我给校长打电话,要不让你回家来吧?反正假期也应该多休息一下的。"夏平同意了。不久,校长批评了辅导员,夏平也回家了。

此后,由于妈妈的过分干涉,老师和同学都认为夏平是一个不自主的孩子,夏平再没有获得过当助手的机会,而且性格也变得内向了许多。

个案解析

父母干涉孩子的自由,分为两个方面,一是强制性干涉,让孩子按照自己的意愿行事;二是超过权限,帮助孩子解决私人问题,使孩子失去了独立处理问题的机会。

孩子平常最反对的是父母强制性的干涉,例如,孩子淘气了、想冒险了、想破坏了,父母却会出于爱,出于安全考虑,而强制性干涉、制止孩子的举动。"淘气"往往是聪明、机灵的表现,父母轻易干涉,就是在压抑孩子的天性和潜能。这类父母是非常让孩子讨厌的。

孩子遇到难题,有了苦衷,喜欢向父母倾诉,希望父母出面帮自己渡过难关。父母因为心疼孩子,往往会介入孩子的私人空间。父母的干预帮孩子化解了危机,也让孩子对父母更加的依赖,但却让孩子逐渐丧失了独立性。

要培养孩子的独立性、自主性,父母就不要过分干涉孩子的事情。在孩子享受自由时,好奇心得到了满足,并且还学会了探索,学会了自己解决问题,这些经验都有利于孩子健全人格的养成。孩子只有具备了健全的人格,才能充分、自由地发挥才智,实现人生价值。

孩子的成长需要自由和尊重,父母少一些干涉,早日放手,将有利于孩子的健康成长。孩子只有能够充分施展自己的才能,满足自己的喜好,才能拥有一个成功的人生。

专家给父母的建议

建议一：允许孩子自己的事自己做

孩子的独立意识增强后，会有许多“自己的事”，如果他坚持自己做，父母就要适时放手。父母给孩子处理个人事务的自由，就是在让孩子迅速地成长。

刘宝想跟同学去郊外打球，妈妈一听就说：“那么远，不安全，不准去。”刘宝说：“我们是结伴去的，再说我都9岁了，你不要老管我这么紧，好吗？”妈妈说：“我也是好心，担心你啊。”刘宝坚持说：“不，你这是在干涉我的自由，这是我的事，我说了算。”说完就走了。

父母要给孩子决定玩乐、饮食等私人事务的自由，这是对孩子的尊重，更是保证孩子人格健全发展的基础。让孩子自己决定自己的事，才能充分满足他的好奇心、探索欲，也才能让孩子的天性得以自由地发挥，从而获得更多的欢乐。

建议二：鼓励孩子独立解决私事

孩子的私人事务，如与同学闹矛盾了，遇到大难题了，等等，父母应该让他自己去解决。如果孩子一遇到难题就来找父母，就会形成依赖性，不能自立。

陶涛在楼下和大家玩，不一会儿进家门，他哭着说：“陈兵老是抢我的玩具，妈妈，你去帮我抢回来吧。”妈妈看了他一眼，说：“这是你的私事，妈妈不插手，你还是自己处理吧。”陶涛本以为妈妈会替他出头，看来只能自己应付了。他擦干眼泪，出去找陈兵讲理去。

孩子的许多私人事务，看起来烦琐，由父母来解决更简单，其实不然。父母帮孩子解决麻烦事，在无形中就剥夺了孩子独立处理问题的机会，慢慢地孩子就会依赖父母，这不利于孩子的成长。

建议三：让孩子独自承担责任

父母应该时常让孩子独立完成一些任务，并让孩子学会独自承担责任。如果是孩子自己要做的事，父母就要放权让他全权处理，无论好坏都由孩子来负责。孩子学会了承担责任，遇事时才不会慌乱，不会急着找父母。

父母越干涉，孩子的依赖性就越强或者越是逆反。这二者都不利于孩子独立健全人格的培养。

建议四：别怕孩子把事办“砸”

父母总是担心孩子做事不妥帖，因此常常会干涉孩子的言行，让他循规蹈矩，以免把事情办“砸”了。孩子年纪还小，有很多事的确会办不好，但这些挫折、错误，都是宝贵的经验。孩子只有经历了，下次才能做得更好。

孩子犯了错，做错了事，父母应该帮助孩子进行改正，对事不对人地批评、指导孩子。父母千万别因孩子“砸事”了，就大肆侮辱他的人格，给孩子更多的限制和干涉。

第七章

让孩子善于说出来

——提高孩子沟通素质的技巧

父母都希望自己的孩子善于言词、能说会道，因为表达能力是当今社会非常重要的一项竞争素质。让孩子喜欢开口、愿意说话，教孩子掌握聆听和表达的技巧，教孩子如何关怀他人、选择朋友等，能够帮助孩子建立和谐的人际关系，奠定未来发展的人脉基础。

让孩子喜欢开口,愿意说话

教子案例

晓峰的父母经常召开家庭讨论会,他们平时会搜集一些问题,用在讨论会上,让一家人都献计献策,找出解决的方法,而且对于好的方法、建议还会有奖品。因此,晓峰和父母都会积极想问题,找答案,发表意见。

在一次讨论会上,妈妈提出对当前流感应该采取什么对策,晓峰积极发言:"应该少到人多的地方去,最好周末都在家里活动。要讲卫生、勤洗手、勤换衣服、多呼吸新鲜空气、锻炼身体、吃新鲜营养的饭菜。"他一连串的回答,让爸爸妈妈对他刮目相看,有的问题他们都没想到,他们开玩笑说:"现在晓峰成了流感专家了,知道这么多。"

个案解析

沉默寡言、不善于表达的人很难适应当今的社会,无论是在日常生活还是工作中都需要大家能够很好地表达自己。生活中一个沉默寡言的人无法使别人了解自己的想法,他也不会很好地把自己的要求、需要表达出来。

生活中的烦恼,学习工作中的不顺,如果总是压在心里,就容易让人感到压抑、郁闷,时间久了会对健康不利,也会使自己的脾气暴躁、古怪,让人无法接受。工作中如果不能很好地表达自己的看法、有创意不能恰当地表达出来、无法和人正常友好地沟通等,将不利于自己工作的展开和获得提升的机会。

表达能力能从一定程度上体现一个人的智力水平。头脑清晰度高、语言组织能力好的人理解能力也会很强。因为孩子的年龄小,所以知识还很缺乏,需要多看、多听、多接触许多具体事物,以增加知识,扩大眼界。知识丰富、眼界宽广会帮助孩子提高表达能力。

说话这个看似平常，只要不是哑巴人人都会的事情好像没有什么好说的，但是这个问题在当今社会却越来越严重，特别是孩子。有些孩子不喜欢说话，不愿意开口说话，不能很好地表达自己，很多父母都在因为这个发愁，不知道怎么才能让孩子乐于说话，善于说话，能够和父母、朋友很好地交谈。

喜欢说话与先天的遗传有一定的关系，但是最主要的还是后天环境的影响。孩子生长在一个什么样的环境中、父母如何引导孩子对孩子的语言表达能力有着决定性的作用。无论孩子先天禀赋如何，只要父母通过科学的教育方法就一定能激发孩子说话的欲望，使他乐于并善于开口说话。

专家给父母的建议

建议一：在孩子小的时候父母要经常和他交流

与人交流是正常人的一项基本能力，凡是生活在社会中，和人接触，孩子基本都能学会交流。但是只有父母善于交流，经常引导孩子，孩子才能做到喜欢交流，愿意与父母或他人交流。

在孩子小的时候，吃饭、说话、走路这样的基本行为，如果父母能够在他很小的时候就教他，他就能很早学会。我们都知道，如果父母不怎么过问孩子，不经常与孩子交流，孩子的语言、行动发展就比较缓慢；如果父母多和孩子说话，多与孩子交流，孩子就能很早学会说话，会比较喜欢说话。并且说话也具有传染性，一个健谈的父母，也能使孩子受到感染，愿意与人交流。

建议二：给孩子创造平等、民主温馨的家庭环境

父母不要总是一副高高在上的样子，只扮演让孩子听话的角色，而不给孩子自我表达的机会，这样孩子就不会主动说话。在平等的基础上，一些简单的事情，让孩子参与到家庭讨论中来，公平合理地对待孩子的意见和看法，从而激发孩子的思考能力和表达能力。

创造良好的家庭氛围，能激发孩子积极愉悦地发言，这对于锻炼孩子的交流能力很有作用。

建议三：让孩子走出去多交朋友

让孩子走出家门，多见识世面，多交朋友。丰富知识、开阔视野不仅能为孩子发言提供内容，也能锻炼孩子与人交往的能力。

董昊以前很不爱说话，总是沉默寡言。只有妈妈问他他才会简短地回答几句，一般他都不会主动找爸爸妈妈聊天，而是让自己生活在沉默的世界里。父母很为儿子沉闷的性格担心。

最近，董昊经常出去和社区里的孩子打篮球，结识了几个好朋友，经常跟他们一起玩，有时候还会把他们邀请到自己家里来。孩子在家和父母的话也多了，和父母一起看篮球比赛时也总会给父母评论一番。有时候还会给妈妈讲一些朋友间的趣事。看到孩子的变化，父母更加支持他走出去结交更多的朋友，参加一些集体活动。

父母应该鼓励孩子，让他们学会玩、学会交朋友、学会与人交往，不要总是生活在自己的世界里，这样有助于孩子打开语言的大门。

建议四：鼓励孩子讲述自己的感受、所见所闻和编故事

打开孩子的口，让孩子主动说话，父母可以引导孩子讲述看一场电影或者好书的感受，给父母讲自己在学校或出去旅游、野营的见闻。父母还可以鼓励孩子编故事，讲给自己听。比如，当父母给孩子讲故事时故意讲一半，让孩子根据前面的情节去编后面的故事，推测故事的可能性。

父母在生活中要对孩子多加引导，通过一定的场景，合理引导，让孩子把自己的想法完整地表达出来。逐渐地，孩子就会喜欢说话，变得善于交流。

让孩子先听后说

教子案例

陈鹏非常健谈，他总是安静不下来，与人交谈时他总是侃侃而谈，从不顾及对方的感受。有一天，幼儿园来了位新同学，叫小艺。小艺不能清楚地说

话，他的声带有问题，但小艺的朋友特别多。

陈鹏一直不明白，为什么小艺会有那么多朋友。一天，陈鹏因上课捣乱被老师批评，他很伤心。课间，正好小艺在他旁边，他就对小艺倾诉了这件事。小艺全程都安静地听着，他关切地看着陈鹏，眼神中流露出同情。陈鹏说："你也能感受到我的伤心？"小艺点点头。

陈鹏说："那我是不是很委屈啊？"小艺艰难地说："不，你很好，老师也很好。"陈鹏一直在说，小艺只是安静地听着。陈鹏说完后，突然觉得小艺离他更近了，从那以后，陈鹏有什么事，都爱去跟小艺说，他们很快也成了朋友。

个案解析

学会聊天的第一步是倾听，一个人哪怕巧舌如簧、舌绽莲花，他也不一定能有好人缘。因为，好人缘不是说出来的，而是听出来的。倾听是一门艺术，更是一种对倾诉者的尊重和重视，是珍惜对方、信赖对方的表现。

生活中总是缺乏善于倾听的人，大家都在忙于表露心迹，极力想让人明白自己，却忽略了去倾听对方的谈话，理解对方的心境。孩子在学习倾听时，能够了解到事情最真实的一面，了解到倾诉者最真实的一面。孩子学会识人察事才能办好事，才能掌控到事情的主动权。

好人缘的得来，是因为对方觉得你可以信赖，愿意将自己的麻烦、隐私告诉你，希望你可以为他分担和解忧。你只有用心地把他的顾虑和忧愁都理解透，并给予相应的安慰和建议，才能慢慢靠近对方。每一份友谊的获得，都离不开信赖与依赖，如果缺少了倾听，那么友谊将难以持续。

学习做一个耐心的倾听者，是人际交流中沟通的关键。倾听中，孩子能找准对方的意图，进而了解对方，了解事情的真实情况，从而有助于进一步的交流。

在沟通中，双方的不良情绪都能得到化解和转移，这有利于身心的健康。同时，在沟通中，双方又都会收获经验和教训，从而找准前行的方向。

专家给父母的建议

建议一：要尊重对方，愿意倾听

孩子与人聊天时，愿意做一个倾听者，就是对对方的一种尊重。这表明自己愿意客观地考虑对方的看法，让倾诉者觉得自己的话得到了对方的重视。同时，应该鼓励对方先开口，创造一种开放、融洽的谈话氛围。

父母要教育孩子，在倾听时，要学会观察，许多信息会通过非语言来传达，例如姿态、眼神、口气、语速等。孩子能够关注到这些，及时弄清对方意图，才能将谈话推向高潮。同时，父母要教育孩子抱以自然的微笑，注视对方的眼睛，不时点头应允，给对方愿意倾听的姿态。

建议二：切忌随意打断对方

如果不是非常必要，不要随意打断对方的谈话，这是一种不礼貌的行为，会影响对方的谈兴。经常打断倾诉者说话，会让对方觉得他个性激进、不礼貌、很难沟通，不是一个好的交流伙伴。

王普经常被妈妈训斥不懂礼貌，因为他总是无故地打断父母的谈话。每一次妈妈谈兴正浓，他都会插进一些不紧要的话，然后自顾自地说开去。很多时候，妈妈觉得和他谈话是一种痛苦。他总是一个道理讲半天也听不明白，不是因为他笨，而是他从不用心听。

所以，父母要教导孩子在与人聊天时，应适时提出切中要点的提问及感想，来响应对方的说法。但是，不要直接插话，要等到对方谈话暂时结束时，再迅速切入自己的话。

建议三：注意抓取谈话中的关键词

父母要教育孩子，作为一个倾听者，在与人聊天的过程中，要善于抓关键信息。在人际交往中，孩子能够透过这些信息，迅速明白对方的兴趣点所在，只有响应这种关键信息，才能马上提高对方的谈话兴趣，让交流走向更高的层次。

建议四：学会接受对方的观点

父母要教育孩子，一定要尊重他人的想法。如果无法接受对方的观点，就很难被对方接纳，无法使人际关系走向真正的融洽。

要让孩子知道，聊天过程中无法接受对方的观点，会错过很多合作的机会。学不会真正地接受，倾听时的表情或动作就会流露出反抗、反对的信息，这会让谈话者不舒服，自信度下降，进而导致合作破裂。

让孩子学会表达自己的情感

教子案例

陈拓一个人站在教室的角落里，大家都在笑他。班上王品的小汽车跑到他抽屉里，王品报告了老师，陈拓被狠狠地批评了一顿。大家都在说："原来陈拓是小偷，不过平时挺老实的啊。"陈拓心里很难过，他也不知道怎么会这样，他根本没拿王品的汽车。

陈拓对老师说："我没拿他的汽车，是它自己跑进来的。"老师一听就笑了说："东西都在这里你就别撒谎了。你也不找个好点的理由，它又没有脚，怎么会自动跑进来。"陈拓也找不到理由，于是只能保持沉默。

后来，老师和同学都认定：陈拓是个小偷。王品成了最开心的人，他一直忌妒陈拓成绩比他好，这一次，他终于报复成功。陈拓什么都好，就是语言表达能力差，没想到吃亏在这里了。

个案解析

孩子懂得表达自己的情绪，能够大声说出自己的想法，个性才能够得以张扬，思想才能够得到解放。一个敢于大声说话，敢于表达自己想法的人，才能够时刻维护自己的自尊让自己更加自信。孩子的个人利益要靠自己来维护，而学会表达自己的想法才是最好的方式。

随着自我意识的增强，孩子的情绪、情感及道德感会初步萌芽。一些孩子会因为受到别人的嘲笑、侮辱、委屈，而产生不愉快的感觉；一些孩子也会因为自己的行为符合了他人的要求，而产生快乐的满足感。孩子能否准确、顺畅地传达自己的情感，决定了孩子在他人眼中的印象。

孩子能够准确传达，就能够与他人顺利地交流沟通，消除隔阂，让他人理解、配合自己的行动。孩子无法正确传达，就容易造成误会。这种不良经验一旦积累多了，孩子就会对自己的能力不自信，对人际交往和自己的表达产生恐惧感。

一个孩子的自主意识越强烈，越希望能够得到他人的理解、尊重。父母在这个阶段要学会倾听孩子的心声，鼓励孩子大胆表达自己的想法。如果父母只想维护自己的权威，板着面孔同孩子交流，孩子就会对父母产生畏惧，更不愿袒露心声。

教育家皮亚杰认为，孩子与成人最大的区别是，孩子的思维与成人的思维存在质的不同。父母若用成人的思维来评判孩子，容易压抑孩子的天性。父母要鼓励、引导孩子大胆地表达自己的情感，培养孩子的独立自主性、创造性。

能够自如地表达个人情感，是一种交流的能力，也是自信的体现。孩子能准确及时地向人传递出情感，才能实现正常、健康的人际交往。

专家给父母的建议

建议一：孩子的话题，父母要有兴趣听

孩子在谈论自己的话题时，父母是否感兴趣会影响孩子说话的情绪。父母越有兴趣听，孩子就会说得越开心，最后就能表达出内心真实的想法、情感。父母面部的表情、身体的姿势、询问的语气等因素，都会影响孩子的表达欲望。

陈莉回家时一脸难过："妈妈，我……"她刚说了这半句，就开始哭泣了，声音也哽咽了。妈妈赶紧把她搂在怀中，亲切地问："怎么啦，你好好和妈妈说，我帮你。"陈莉说："今天我和刘燕说好一起回家，她竟然先走了，我等了她好久，后来学校都没人了。"

陈莉说到这里更委屈了，妈妈赶紧说："她肯定是忘记这个约定了，你明天去问问她就清楚了，她肯定是无心犯这个错误的。"陈莉和妈妈说完，心里好受多了，就开始写作业。刚写了半小时，刘燕的电话就打过来了，为今天的事向陈莉道歉。

孩子在生活中常会遇到委屈、挫败的事，父母要帮助他梳理这些情绪。孩子的话题，父母要给予重视，要乐意去倾听，哪怕问题很小、很幼稚，父母也要耐心、细致地对待，这样才有利于培养孩子表达情绪的能力。

父母用一种亲近、有兴趣的姿态来听孩子谈论的话题，孩子就会和父母走得更近，甚至把父母当成朋友，将各种生活小问题都向父母倾诉。孩子多说一说自己对各种人和事的看法，渐渐地，就能学会表达个人的情感。

建议二：尊重孩子的话语权

在生活中，孩子往往被剥夺了说的权利，只能被动地听父母的说教。这种方式十分不利于对孩子情感表达能力的培养，会使得他的天性被压抑，变得对父母唯命是从。

父母在听孩子倾诉时，要多听少说，给孩子说话的机会。父母要清楚，孩子谈论的问题在自己面前都是小儿科，自己可以有大段的论述来评判这件事。但是，父母要忍住自己的表达欲望，让孩子来说，因为父母要了解的是：孩子怎么看这件事，他有什么想法。

父母要学会做一个倾听者，用亲切、平和、耐心的心态，倾听孩子内心的想法，不要急于下判断。这样，父母就会惊喜地发现，原来孩子的心里还有另一个世界，与自己所认为的完全不同。这些言语是孩子最纯真、清澈的心语。

建议三：站在孩子的角度理解、关爱孩子

成人的思维同孩子是有本质差别的，父母要走进孩子的世界，就要懂得站在孩子的角度去看问题。孩子的任何言论和行为都有他自己的理由，父母想弄明白，就要学会换位思考。

黄兴上小学三年级，语文成绩很好，作文每次都是范文。老师布置学生周末写一篇作文，他交来一篇《我对她的爱情》，把老师吓蒙了。原来，黄兴和夏梅是邻居，两个孩子每天一起玩，可谓青梅竹马。夏梅要转学了，黄兴很舍不得，就写了这篇作文。

老师赶紧打电话问妈妈，妈妈又委婉地问黄兴。黄兴很细致地陈述了自己的这种感觉，他说自己很想她，想和她一起做游戏。妈妈仔细听完后，才松了一口气。儿子的这种情感其实是一种友情，只是他还不懂区分，用错了词，险些让别人误解了他。

父母站在孩子的角度去看问题，才能更准确地理解孩子的思维方式，从而引导孩子正确区分、表达自己的情感。孩子的眼睛是纯洁无瑕的，他用自己的方式体验生活、体味成长。如果对孩子做得“不妥当”的事情，父母来个当头棒喝，就会伤害孩子幼小、纯真的心灵。

建议四：允许孩子提出不同意见

孩子犯错了，父母要给他解释的机会，允许孩子提出不同的意见。父母要清楚，责骂只能一时制止孩子犯错，并不利于孩子彻底改正错误。给孩子一个机会，让他大胆地说出自己的意见，还可以培养他的发散思维、求异思维、逆向思维等。

刘清正在和妈妈玩，妈妈问他："如果一棵树上站着三只鸟，猎人用枪打掉一只，还剩几只？"刘清刚 4 岁，他数了数说："妈妈，三减一是二，还有两只。"妈妈本是考他脑筋急转弯，答案是：一只也没有了，都吓跑了。妈妈便问："你再好好想一想。"

刘清又算了一遍说："妈妈，我没有算错。你干吗老问我啊？"妈妈便提醒他："你想啊，枪一响，鸟会怎么样呢？"刘清说："应该是吓跑了。"妈妈一听高兴地说："对，就是这个答案。"

刘清却说："妈妈，你还是错了，要是我这样写，老师会给我打叉的。"妈妈听后，还是夸奖他说："对，如果是考试，你的决定是正确的。你真棒，这次你又答对了。"

孩子总会有自己的想法，这其实是好事，代表孩子有独立的思考能力。父母要允许孩子表达不同的意见，哪怕错了，也应该多鼓励。生活中的问题，本来就不止一个答案。如果用唯一的答案束缚孩子，责备他的错误，反而不利于孩子成长。

教孩子学会处理人际关系

教子案例

程东林从小有个志愿：做一个演说家。在他的心目中，会演讲的人都是他的偶像。奥巴马竞选时，每一场演讲他都会第一时间找来听，有些精典片段，他都能背诵了。程东林还收集了一些光碟，都是成功激励大师的演讲。

在他看来，这些人，能够成功鼓动人、说服人，是因为掌握了一定的技巧。

妈妈知道他的爱好后，也非常支持他。母子俩常去书店，看到好的书，无论是理论的，还是实践的，都买回来。程东林不仅看，还积极去实践，也是个小演说家了。班上竞选班委，他一上台，总能博得喝彩。大家都喜欢听他演讲，觉得很有感召力。

常有人向他请教演讲技巧，程东林把自己总结的经验都无私传授给了别人。妈妈常鼓励他，还帮他总结经验，使程东林越来越有自信心。

程东林不仅演讲能力非常棒，而且他在与人交往的过程中，也非常善于讲话，总能将话讲到对方的心里去，让人听了很舒服。他的讲话能力对他处理好人际关系有非常大的帮助，这也使得他有个很好的人缘。

个案解析

在孩子的成长过程中，善于沟通这项技能让其受益最多。孩子要想办成一件事，就不得不去沟通。如何高效、简洁地传递信息，如何迅速感染、说服他人，需要各种交际技巧。

如今的社会，是一个信息量多并能快速传播的社会。一个人不善于交际，不能迅速、清楚地传达个人的意愿，就很容易被淹没。一个成功的人，必是一个善于传播信息的人，也就是具备一定交际技能的人。

父母都希望有一个优秀的孩子。父母也应该明白，善于交流、沟通，是整个时代的需求。孩子要想立足于社会，就得尽快培养交际技能，才能充分展示个人价值。再好的金子，不能展示自己，也终将在信息海洋中被埋没。

任何一种技能，都是在理念指导下不断实践获取的，交际技能同样如此。理论和实践二者缺一不可。父母要认识到这一点，给孩子最好的指引。

专家给父母的建议

建议一：支持孩子吸取理论知识

人际交往是一门学问，有大量的理论和实践书籍、报刊等，孩子要提升人际交往技能，可以向书籍请教。父母可以给孩子列一个书目，让他先补足理论课。父母先要了解，人为什么要交流、如何交流、这些理论知识有了，才能高效地指导孩子实际的交流活动。

要让孩子学习交际理论知识，就要多读演讲大师的书籍，看大师们的演讲光碟，父母应从物质上支持。把人际交往当成一门学问来学，孩子才能成绩显著。如果只是出于一时爱好，不注重基础的理论，这样的人际沟通技巧只是皮毛，让孩子难以有长远的进步。

建议二：鼓励孩子参与社会交际活动

有了理论做基础，还要让孩子增加实战经验。学校里、社会上，常常会有这种实战机会，如班委选举、学生会选举、义务活动的宣传等。这些活动，都是磨炼交际技能的战场。

学校要组织一次“环保一日行”的活动，赵军回家跟妈妈说他想参加，妈妈马上大力支持。妈妈说：“要钱要东西，你尽管说。”赵军说除了生活费，还需要妈妈帮忙借自行车。赵军想组织一个小团队，骑自行车，挂旗帜进行跨城宣传。

第二天赵军就忙开了。义务报名的同学，被编成了两个分队，赵军组织大家一起商讨路线，女生负责制作旗帜、写标语等。赵军经常组织各种活动，被推选为此次活动的队长。赵军热衷于这类有意义的社会活动，由于在活动中会有许多与人交流的机会，所以也使他轻松掌握了人际沟通的技巧。

孩子的交际技能，需要在大量交际活动中历练。学校里、社会上，只要有这种活动，父母都要鼓励孩子积极参与。在这些活动中，如何协调人员，如何组织分配，每一个环节，都离不开交际。孩子多历练，这种技能才会越来越熟练。

建议三：给孩子制造演示舞台

学校或社会的活动机会，也是有限的。孩子的交际技能，需要大量的活动来磨炼。对此，父母也可创设场景，给孩子制造锻炼机会。例如，常举办家庭联谊会，让孩子来安排；家里常请客人来玩，请孩子来接待；常请小朋友来玩，让孩子合作；常组织社区游戏，让孩子参与等。

程小莱有些胆小，遇人不爱说话。妈妈知道，是孩子的生活环境太封闭了，与人交流的机会太少。妈妈开始留心，小区有哪些孩子和他同龄，有机会妈妈就主动和他们联系，帮小莱结交朋友。一段时间以后，小莱家里常有小朋友来拜访。

周末到了，妈妈约上几家人，一起带孩子去广场做游戏。无论是玩球，还是玩车，小孩子在一起玩，总是特别高兴。有了同龄人的陪伴，小莱也变得活跃多了。走在路上，见到熟人了，小莱还会高兴地和大家打招呼。

有些孩子不善于交流，不喜欢交流，这种现象，与孩子的居住环境有关系，与父母太忙也有关系。父母要锻炼孩子的交际能力，就得让他多与同龄人交往。方法总是有的，只要父母多费点心，就能创设出许多场景，让孩子得到锻炼。

建议四：鼓励孩子向高手请教

年龄较大的孩子，要想提高自己的交际技巧，不妨向高手请教。孩子的朋友中、同学中，有谁人缘好，有谁会演讲，都可以去请教。孩子自己也能观察、总结一下他人的经验。

生活中，如果孩子对这类高手流露出羡慕之情，父母可及时鼓励他，让孩子大胆去向高手请教。这些高手的交际技巧更通俗、更自然，也更容易学。孩子要提高自己的水平，一定不要忽略这一学习途径，多观察揣摩，就能学到不少技巧。

教孩子学会理解他人，宽容他人

教子案例

早自习课上，小明正在大声地读课文，同桌小刚却在一旁大声地敲桌子，声音很响，弄得小明耳朵都快被震聋了。小明于是生气地大喊："你能不能小声点？我在读课文，而你却在敲桌子，还让不让人学习了？"

小刚平静地答道："我知道你在读课文，可你想过我也要读课文吗？你那么大声音影响了我，让我根本就没法学习！"小明终于明白了小刚敲桌子的原因，于是把自己的声音放小了很多，小刚也开始投入学习中。

个案解析

“理解万岁!”这是我们耳边常会回荡的至理名言。我们渴望得到别人的理解与包容,同样别人也需要我们的理解与体谅,理解是每个人都需要的心灵鸡汤。孩子也要学习理解与体谅他人,这也是父母的家教功课。

理解与宽容有着相通的意思,都是让人以一种谅解、宽容的心态去对待别人,对待那些与自己有不同观点、意见,与自己性格、志趣不同,有过错和冒犯过自己的人,最终让人与人之间能够和谐共处。

古人云:“人非圣贤,孰能无过。宽以待人,宽大为怀。”这告诉我们做人要多一些理解和宽容。有了理解和宽容,我们就能和谐共处;有了理解与宽容,我们就会有所创造;有了理解与宽容,我们才能成就自己的事业。孩子要立世,要成就一番事业,更要有超人的理解力和一颗宽容的心,没有理解和宽容胸怀的孩子是不可能有大成就的。

“海纳百川,有容乃大。”古今中外,凡是成就大事业的人,都有恢宏的气度,这种气度体现出了一种人生的“大气”。

美国前总统林肯在“宽以待人”这方面有着非凡的气度与胸怀。他对政敌素以“宽容”著称,引起了众议员的不满。一天,终于有一位议员不满地对他说:“你不应该试图和那些人交朋友,而应该想办法消灭他们!”林肯微笑着回答说:“让他们变成我的朋友,难道我这不正是在消灭我的敌人吗?”

有大气度、大胸怀的人,不仅不会对自己生活中的人和事斤斤计较,就算对对手也会怀着一颗宽容的心,结果使自己的人生大道更加地畅通。

专家给父母的建议

建议一:教孩子用换位思考的方式去理解、宽容他人

换位思考,即设身处地地为他人着想,想他人之所想,理解至上,是人对人的一种心理体验过程,是我们与他人达成理解不可缺少的一种心理机制。

换位思考,能使孩子与他人之间多一些理解,少一些愤怒;多一些宽容,少一些计较,孩子从而也会赢得更多的支持与帮助。

建议二：教孩子学会宽容别人的过错，不计较自己的得失

宽容别人的过错，是一种气度，孩子若具有这种气度，其人生之路就会宽广许多。

一位老禅师夜晚在禅院里散步，忽见墙角边有一张椅子，顿时明白了有位出家人越墙出去溜达了。但老禅师并没有声张，而是走到墙边，把椅子移开，并就地蹲下。不一会儿，果然有一个小和尚翻墙回来，在黑暗中踩着老禅师的背脊跳进了院子。忽然他感觉到了一种异样，知道那不是椅子而是师傅的背，顿时惊慌失措，张口结舌。

这时，出乎小和尚意料的是，老禅师并没有厉声责备他，而是以平和的语调说："夜深天凉，赶快回屋添件衣服吧！"

宽容不仅是一种胸怀，还是一种教育方式，它昭示的是教育者的大度与力量，更会为受教育者创造完满的人生。

建议三：教孩子宽容，但不应纵容坏人坏事

一位妈妈带着一个男孩坐公交车。刚上公交车不久，男孩就发现有一个人把手伸向了前面女孩的书包里。男孩问妈妈那人在做什么，妈妈却害怕会引来祸患，就骗小男孩说："没事，那人跟前面那姐姐闹着玩的！"可男孩却摇摇头说："不对，他好像是个小偷！"妈妈却始终没有肯定男孩的说法。

可想而知，这样下去，这位妈妈对孩子的教育迟早会出问题的。这个男孩会慢慢对正义的事情不闻不问，一旦事情发生在自己身上，就会抱怨社会没有正义，没有打抱不平的人。所以，明智的父母应该知道自己这样的做法会害了孩子，宽容不等于纵容，纵容坏人坏事，最终受害的可能是自己的孩子。父母要教育孩子多一些宽容，少一些纵容；多一些理智，少一些盲从。

建议四：多给孩子讲些有关宽容的故事

给孩子讲述理解与宽容的故事，是要让他知道，宽容不仅是一种态度和品德，更是生存于社会中的一种智慧，懂得理解与宽容，就能多一些朋友，多一些支持。反之，没有理解和宽容的胸怀与气度，孩子就会变得猜忌与狭隘，惹人讨厌；没有理解和宽容，孩子想成就一番事业是根本不可能的。

让孩子学会选择朋友

教子案例

赵东诚上初中后成了住校生，一时间交了许多朋友。他们在一起称兄道弟，常在一起打球、上网、追女生、打群架等，同学们都称他们是“兄弟连”，平时谁也不敢惹他们，怕惹上了麻烦。

最近，这个“兄弟连”常翻院墙去网吧通宵打游戏，经常是几个人在寝室轮班站岗，其余几个人偷偷溜出去。赵东诚这天运气很不好，刚出去坐在电脑前，短信就过来了：“速回，老师来查寝。”赵东诚赶紧招呼大家撤退，翻墙时还不小心扭伤了脚。

老师看到他们三四个人都集体称上厕所去了，但是因为没有证据，也不好说他们什么。自从赵东诚交上这帮朋友后，成绩直线下滑，身体还经常受伤。妈妈看到儿子现在的状况，越来越失望。

个案解析

什么样的朋友值得交往，是一个连成人都应思考的问题。“一个善良的朋友能将人带入天堂，而一个邪恶的朋友能将人引入地狱。”孩子的成长离不开朋友的陪伴，朋友的好坏，直接关系到孩子的成长倾向。

一个真诚、善意的朋友，能够在孩子失败时给予他慰藉，胜利时给予他欢笑。孩子若缺少了朋友，就缺少了童年游戏的玩伴、学习的伙伴。一个没有朋友的童年，是凄惨、荒凉的童年，会少了许多欢笑声。

青少年时代，能够拥有几个真诚、善意的朋友，让孩子能够倾诉人生理想，可以“指点江山，激扬文字”，帮助孩子慢慢稳定人生志向。朋友会成为第一个鼓励孩子的人，成为孩子志同道合的朋友，成为他以后打拼事业的伙伴。

一个好朋友的支持，能直接影响到孩子学业和今后的事业发展。一个善意的朋友，会直言指出孩子的缺点，让他改正，同时也能在挫折中不离不弃，给予他支持。真诚的朋友能帮孩子分担生活的压力，让孩子能用一颗健康、平静的心面对人生。

朋友的善恶，关系到孩子一生的成败。父母帮助孩子选择真诚、善良的人做朋友，才能给孩子更幸福的人生。

专家给父母的建议

建议一：选择志同道合、不功利的朋友

真正的朋友不会因低级趣味相投而聚在一起。有一类人功利心强、唯利是图，见困难就让、见利益就上。他们胸无大志，正经事不做，鬼点子、馊主意一大把，不能做志同道合的朋友。父母要教育孩子远离这类人群，他们会让孩子学业荒废、思想颓废、行动消极，孩子很容易被不良行为同化，在恶习中难以自拔。

志同道合的朋友，是一群具有远大理想的人，他们胸怀大志，愿意为理想而奋斗，这样的朋友才能给孩子带来有益的影响。

建议二：选择朋友要重视精神交往

孩子选择朋友，要重视精神层面的交往，要多选择一些心灵之友、直言诤友。

夏丰时常跟妈妈说："刘强总喜欢说我的缺点，如果不是看他是我的朋友，我早就和他闹翻了。"妈妈问："那他说得对吗？"夏丰想了想说："也差不多，是我做得不好啦。"妈妈说："既然他说得对，你就要改正啊，这样的朋友才能够帮助你进步啊。"

很多时候，朋友本意很好，可是孩子不会分辨好坏。此时，父母要帮孩子辨别哪些人是真正的朋友，找一些有利于孩子进步的人交往。朋友相交，不要看重物质层面的给予，而要看重精神层面的交流，看他能不能给孩子带来有益的影响。

建议三：及时制止孩子与品行不良的人交往

孩子与品行不良的人交往，父母一旦发现，就应该马上制止，让孩子早日远离他们。否则，孩子一旦沉溺在这种友谊中，就会养成一些恶习，再想改掉就困难了。

曾磊最近结交了几个朋友，妈妈发现儿子总是偷爸爸的烟。有一天，妈妈悄悄跟着他，发现他在和几个朋友学抽烟。曾磊一回家，妈妈就问他："为什么要学抽烟?"他说："我不想被人欺负，不想大家觉得我小。"妈妈说："你就算会抽烟了，但是没有能力，大家还是不会尊重你。"

曾磊说："那我怎么办？我学习中等，总觉得大家不注意我。"妈妈说："从明天开始，我给你请家教，你别和那些人来往了。妈妈不怕花钱，你愿意学，学好了，大家就会重视你了。"曾磊也愿意真正地被人尊重，就同意了妈妈的建议。

孩子和品行不良的人交往，总会有原因的，例如，想获得关注、不想被欺负、想被人尊重等。而这些心理层面的需求，可以通过更健康、积极的手段获得。父母应该帮助孩子，让孩子以更健康、积极的方法来获得大家的认可与尊重。

教孩子学会和异性交往

教子案例

闫昊是个初一年级的男孩，他今年13岁。由于青春期的到来，身体发生了很大的变化。

小昊有个特别要好的朋友，是个女孩子，他俩是从小一块长大的，感情特别好。进入初中以后，两人还是保持着密切的来往。妈妈知道后，便有些不高兴。有一天，小昊和那个女孩放学后在公园里散步、聊天，恰好被路过公园的妈妈看见了，她走上前命令儿子回家。女孩疑惑地望着小昊的母亲，向小昊努努嘴，示意他跟母亲回家。

回到家的小昊怎么也想不明白，自己又没做什么不对的事情，以前就跟女孩这样相处，妈妈这是怎么了？吃晚饭的时候，妈妈向儿子宣布如果以后再看见他俩在一起，就会连他那个“女朋友”一起教训。

小昊听了妈妈的话，特别生气。他把饭碗往桌子上狠狠一摔，扔下筷子，朝妈妈喊道：“你这是怎么了，我跟她以前就是这样相处的，我们没有恋爱！”妈妈却一本正经地说：“休想骗我，以前是以前，现在是现在，以前你们都还小，什么也不懂，现在不一样，你俩别再交往了啊！”小昊没有说话，气冲冲地跑回了房间。

个案解析

与人交往是每个人的基本需要，也是获取知识和生活经验的重要渠道。没有交往，人就不能获得发展，而且交往能力是人的一项重要能力。对于孩子而言，同性交往与异性交往一样重要，两者不可偏颇。

许多父母深知与人交往的重要性，但是他们同时又担心孩子与异性交往会产生不良的后果。最让父母担心的莫过于孩子陷入早恋，父母担心早恋会严重影响孩子的学习和生活。父母的担心是有道理的，尤其是孩子处于青春期这个敏感的时期，教育孩子正确地与异性交往就显得更为重要了。

青春期正常的异性交往常常会被草木皆兵的父母理解为早恋，从而影响孩子们正常的友谊。这也是许多孩子与父母发生矛盾的原因之一。许多父母认为，男孩与女孩之间没有纯粹的友谊，总担心孩子会步入早恋的误区。

父母的这种认识是错误的，青春期男女生之间的交往是必要的。父母强行禁止孩子与异性交往，只会让孩子更加逆反。父母应该鼓励孩子正当地与异性交往，并且告诉孩子一些在与异性交往时应该注意的事项。

专家给父母的建议

建议一：父母要正确地认识孩子与异性交往

父母应该正确地认识孩子与异性交往，与异性交往有助于孩子心理和人格的健康成长。一般来说，男孩子比较大度和勇敢一些，女孩子比较细心一些，鼓励异性交往可以让男孩与女孩之间性格互补，使他们的性格健全地发展，这是同性交往所没有的优势。

林洛是个初二的男孩，今年14岁了。林洛平常非常粗心，经常丢三落四，而且他经常跟一帮男孩子混在一块，却从不认为自己有什么毛病。

聪明的妈妈鼓励林洛主动与女孩子交往，跟她们做朋友。林洛在妈妈的建议下，经常与女孩子交往，果然他丢三落四的毛病减轻了不少。细心的妈妈还发现，儿子比以前更会体贴和关心别人了。

父母应该正确认识孩子之间的异性交往，不要让自己的孩子整天和同性在一起，应该鼓励他们去与异性交朋友，让异性身上不同的性格特质潜移默化地影响自己的孩子，使他们的人格更完善、更健全。

建议二：告诉孩子在异性交往中不要过于热情

女孩子在与异性交往中过于热情会被人误认为轻佻，不值得信赖。而男孩子在与异性交往中如果过于热情也会被误认为有别的企图。因此，与异性交往要顺其自然，不要过于热情，以免产生不好的结果。

江启明是个初一的男孩子，今年 13 岁。他性格非常开朗，也非常喜欢与别人打交道，在班里人缘很好。

一次，他在放学路上遇到一个同年级的女孩子，对方拎着很沉的东西，于是他主动上前帮忙。女孩子接受了，于是两人一起朝家的方向走去。当两人要分开走时，女孩主动要求自己拿东西，启明却说自己可以送她回家。启明的过分热情，让女孩产生了畏惧心理，于是断然拒绝了，拿上东西一言不发地赶紧朝家的方向走去。

父母应该鼓励孩子大胆地与异性交往，但是在交往过程中一定要注意对方的反应和表现，不要过于热情，以免让对方误认为你别有所图。尤其是女孩子，在与异性交往的过程中更不能过于热情，以免让人误以为你过于轻佻，而对你产生非分之想。

建议三：正确处理对方递来的“求爱信号”

在与异性交往时，孩子能否一直保持纯洁的友谊，最重要的一点是要正确处理对方可能递来的“求爱信号”。因为在与异性来往时，有的孩子是出于友谊的目的，而有的孩子却未必如此。

父母应该告诉孩子在与异性进行交往时，一定要及时察觉对方反常的言行举止，对于对方暗示性的语言和行为应该正确处理。父母也可以告诉孩子在交往初期就阐明自己的观点和立场，以防止日后友谊的变质。

建议四：让孩子以一颗平常心对待异性之间的来往

孩子喜欢交朋友，不仅交同性朋友，也交异性朋友，这是一个好现象。正常男女生之间的交往有利于相互了解，消除男女之间的神秘感，避免孩子因为好奇而过早地涉足恋爱。但是父母要告诉孩子，一定要注意以平常心来对待异性朋友，控制自己的性冲动，培养自己健全的人格。其实过早地涉足恋爱和性行为，不论对男孩还是女孩都会带来同样大的伤害，至少在道德上都会受到良心的谴责。

父母应该告诉孩子，异性之间的交往是必要的，但是一定要控制自己的生理冲动，保持友谊的纯洁性。父母要鼓励孩子掌握好尺度，少与异性单独接触，没有特殊需要不单独约会，告诉孩子要广泛地接触异性朋友，并且要注意交往的尺度。

第八章

好关系是解决难题的金钥匙

——处理孩子特殊问题的沟通技巧

父母与未成年子女之间有效的沟通是家庭教育中非常重要的一个环节，它对孩子性格的形成、品质的培养、意志的磨炼、与人交往模式的建立，都会起到决定性的作用。不仅如此，良好的亲子关系，还是解决孩子一切问题和难题的金钥匙。

孩子厌学怎么办

教子案例

法国昆虫学家法布尔从小就对昆虫拥有浓厚的兴趣。有一天夜里，他提着灯笼，蹲在田野里，观看蜈蚣怎样产卵，一连看了好几个小时，他忽然感到周围越来越亮，抬头一看，原来太阳已经从东方升起来了。

还有一次，法布尔爬到一棵树上，聚精会神地观看蜣螂的活动。父亲知道儿子的爱好以后，极力鼓励他把自己的爱好延续下去。有了兴趣，法布尔自然就会在自己所擅长的领域作出卓越的贡献。

法布尔从小就对昆虫感兴趣，这也使得研究昆虫成了他终身的志趣，令他写下了巨著《昆虫记》(共 10 卷)，对昆虫学作出了巨大的贡献。

个案解析

兴趣是人们力求认识某种事物或积极从事某种活动的动力。它总是和一定的情感联系着，并会对人的行为起到导向作用。兴趣是最好的老师，是孩子自主学习的不竭动力。在学习中，学习兴趣与学习效果之间有着密切的关系。

浓厚的学习兴趣可以使孩子对学习充满热情，主动克服各种困难，全力以赴地实现自己的学习愿望。如果孩子对学习不感兴趣，仅仅是由于父母的强制而学习，那么学习效果就会大打折扣。

父母只有激发起孩子的学习兴趣，增强孩子的求知欲，才能让孩子保持最好的学习状态，达到事半功倍的效果。每一位父母都希望自己的孩子能够取得好成绩，但是他们大多数都只是对孩子苦口婆心地说教，致使孩子对学习就是提不起兴趣。父母要分析孩子的实际情况，用合适的方法激发起孩子学习的兴趣。

孩子的学习兴趣不是与生俱来的，而是在父母的教育影响下逐渐培养起来的。孩子对学习产生了兴趣，自然会全心全意地去学好。兴趣是最好的动力，有了动力，孩子才能在学习中游刃有余。

孩子正处于学习知识的重要时期，激发孩子的学习兴趣对于其今后学业的发展有着不可低估的作用。

专家给父母的建议

建议一：分析孩子缺乏学习兴趣的原因

孩子缺乏学习兴趣的原因有很多，父母要找到孩子缺乏学习兴趣的原因，然后对症下药，帮助孩子恢复对学习的兴趣。孩子对学习缺乏兴趣的原因一般主要有：经常受到老师的批评，学习方法不当，成绩不好，导致了恶性循环等。

没有一个孩子是甘于落后的，可是很多因素阻碍了孩子学习兴趣的产生，这时候孩子需要父母的理解和关爱。父母要耐心地听孩子把自己不喜欢学习的理由说出来，然后引导孩子逐一解决。

父母了解了孩子的问题，就要积极帮助孩子解决。比如，父母可以和老师聊聊孩子的状况，让老师改变一下批评孩子的方式；帮助孩子用科学的方法进行学习等。只有这样，才能让孩子对学习充满兴趣。

建议二：用表扬和鼓励来激发孩子的学习兴趣

做完一件事情之后，每个人都希望得到别人的肯定和表扬，孩子的自我意识不强，更需要来自父母的表扬和鼓励。父母要善于发现孩子的闪光点，使孩子体会到自身的价值，享受到成功的喜悦。这样，孩子学习的热情才会高涨，学习的自觉性和积极性才会有很大的提高。

韦本文是美国著名的画家。他能够成为画家，与他妈妈对他的表扬和鼓励是分不开的，正是妈妈的鼓励，才激发起了韦本文对绘画的兴趣和热情。有一次，妈妈把韦本文和妹妹莎莉留在家里，他发现家里有几桶颜料，突发奇想地想为妹妹画肖像，为此他把客厅弄得乱七八糟的，地板上也沾满了颜料。

妈妈回来后，看到屋里的一切，又看看儿子骄傲的眼神，她顿时觉得孩子的“破坏”很有价值，所以她没有说客厅里有多么乱，而是很真诚地赞扬道：

“哇,这是莎莉啊,你画得像极了!”并拥抱儿子,还给了他一个吻。后来,韦本文说,是妈妈的吻使他爱上了画画,并最终使他成为一名画家。

由此可见,父母要充满热情地鼓励孩子,这才能真正激发起孩子的学习兴趣。父母是孩子心目中第一个最具权威的评价者,他们特别渴望得到父母的肯定,可是有些父母往往没有意识到这一点,经常毫不负责任地破坏孩子的兴趣。当孩子做得好时,父母应适时表扬;当孩子做得不好时,要先发现孩子优秀的一面,然后再鼓励他们,用表扬和鼓励为孩子筑起兴趣的风帆。

建议三:用降低难度的办法来激发孩子的学习兴趣

孩子对学习不能产生兴趣的主要原因是他们觉得学习太难,感觉学习没有乐趣。所以降低难度,把难度定在孩子稍稍努力就能成功这一程度上,是激发孩子学习兴趣的好方法。这时的孩子,既需努力,又能获得成功,很容易对学习产生兴趣。

建议四:用孩子的好奇心来激发他的学习兴趣

好奇心是孩子形成学习兴趣的先导,是孩子对求知事物积极探求的一种倾向。

居里夫人说过,好奇心是学者的第一美德,而好奇心又总是兴趣的导因。作为父母,要十分珍惜与爱护孩子的好奇心,让孩子带着好奇心去学习各种科学知识,这样孩子的学习兴趣会持续更长的时间,会有更强的稳定性。父母要善于抓住孩子的好奇心,并加以正确的引导,帮助孩子激发自身的学习兴趣。

建议五:让孩子保持学习的新鲜感

每天都重复一样的学习模式是孩子缺乏学习兴趣的重要原因之一。父母要学会适当地给孩子增加一些新鲜的学习内容,让孩子对学习充满新鲜感。只有这样,才能让孩子对学习保持兴趣。

聪聪的妈妈是个聪明的母亲,她知道聪聪喜欢学语文,就不断地给她买她喜欢看的书籍,周末还经常带她去图书馆。还经常把聪聪写得好的文章放到网上,这既是对她的一种鼓励,又激发了她学习语文的兴趣。在这样的教育影响下,聪聪始终保持着对语文的新鲜感,成绩一直名列前茅。

父母要抓住孩子喜欢尝试的心理,适时扩大孩子的视野,让孩子时刻觉得自己的知识是有限的，从而激发起孩子学习的兴趣。

孩子依赖性强怎么办

教子案例

陈征的妈妈很严厉，她对陈征的个人卫生很苛刻，不让他乱翻家里的东西。每天的饮食，妈妈也会合理调配，他只要负责吃就行了。总之，他就是一个被妈妈精心照顾的“小皇帝”。

学校组织了一个夏令营，所有的孩子都很活跃，只有陈征很安分。老师问他：“大家在玩沙滩排球，你怎么不参加呢？”他说：“我不会洗衣服，再说，衣服弄脏了，妈妈会骂我的。”夜间，陈征突然想上厕所，可是他很害怕，就一直憋着，最后难受地大声哭了起来。

老师闻声起来，陪他一起去上了厕所。老师说：“你怎么连上厕所都不敢呢？”他回答：“从小到大，每天晚上都是妈妈陪我去的，我从没自己去过。”老师仔细观察，发现陈征总喜欢找同学帮忙，做事情也总先征询别人的意见，是一个依赖性特别强的孩子。

个案解析

依赖性强的孩子，自我评价都很低，他们大都不自信、独立性很差。依赖性强的孩子不喜欢挑战，喜欢循规蹈矩的生活，喜欢被安排、设计好的人生。这类孩子的主心骨不是自己，而是那个他依赖的人。

孩子如果缺乏独立性，事事依赖他人，如何担负起应有的个人责任、家庭责任及社会责任呢？孩子依赖性强，是一个很严峻的社会问题，也从某种程度体现了家庭教育的缺陷。

很多父母指出，过度照顾孩子是害怕他被伤害。实际上，孩子最可怕的不是被伤害，而是没有健全独立的人格。孩子必须学会独立地解决各种问题，无论是个人问题、学习问题还是社会问题，都要敢于独立面对。

专家给父母的建议

建议一：孩子的事情父母不要代劳

很多时候，孩子遇到难题了，父母会习惯于说："别怕，我来帮你解决。"这虽然是一种爱的体现，但也会由此让孩子养成依赖的心理。

陈伟回家后对妈妈说："我的鞋带又散了，我不穿这种鞋了。"妈妈说："我帮你系吧，不是有妈妈吗？我会帮你的。"陈伟在妈妈的关爱下，如今6岁了，却依然系不好鞋带。同学们常笑他，他总会说："我妈妈会帮我系的。"老师听后也是啼笑皆非。

孩子依赖性强，有一个很重要的原因，就是父母代劳的太多。为了防止孩子过分依赖父母，遇到了难题，父母就要鼓励他自己解决，无论是一根散了的鞋带，还是一场伤痕累累的打斗，都要孩子学会自己去解决。

建议二：给孩子成长的机会

如果父母总给孩子一些负面的评价，如说"这个你不行，别做了""那个你还不会，别动了"，就会渐渐熄灭孩子自己做事的兴趣和欲望，时间一长，孩子就对自己的能力丧失了信心，也就开始依赖父母，不愿意自己动手。

赵阳3岁时，妈妈要给家里养的小金龟换水，他嚷着要帮忙。妈妈正想说"你还不会，别闹了，快走开"时，她看到赵阳期望的眼神，就说："好吧，你跟妈妈学，要是做得好，以后换水的任务就教给你。"赵阳学得很认真，虽然动作有些笨拙，但他还是成功地完成了任务。

只有一次次地尝试，才会积累成功做事的经验。父母在孩子做事时，要少说一些负面的话语，多一些正面的鼓励，给孩子成长的机会。即使孩子的尝试失败了，也别轻易责备他，要鼓励他重新站起来，在战胜失败的过程中不断成长。

建议三：学会耐心等待，给孩子成长的时间

如果孩子动作笨拙，一直出错，父母就要学会耐心等待，别害怕他一次次的失败。父母多一分钟的等待，孩子就离自理、自立又近了一步。

赵强在艰难地穿着衣服，大冬天的，穿衣服很费事，他刚刚 4 岁，里里外外的衣服让他穿起来笨手笨脚的。妈妈没有催他，而是鼓励他："别着急，一件一件来，时间还早呢。"赵强认真地忙碌着，他一天比一天穿得迅速。

父母的等待也是一种爱，孩子的自理、自立能力要从小培养。小孩子做事情时，动作难免笨拙，会浪费很多时间。孩子在浪费时间的同时，积累的却是做事情的经验。父母不愿意等待，孩子就永远做不好。

建议四：给孩子成长的勇气

依赖性强的孩子，不喜欢从事挑战性强的活动，尤其是竞赛，它会让孩子感觉孤独无助。父母要改变孩子的依赖性，就要引导他多参与竞争性的游戏，如打乒乓球、网球、羽毛球等双人对抗性的游戏，从而让孩子变得坚强、勇敢。

孩子只有学会独自面对，并努力奋争，才能在竞赛中获胜。孩子多从事这类游戏或运动，能够增强他的抗摔打能力，提升他面对输赢的承受力，不害怕挑战，不害怕失败。

孩子人来疯怎么办

教子案例

栋栋平时在父母眼中是个听话的孩子，可家里一有客人来访，他就变得异常活跃、顽皮：上蹿下跳，大喊大叫，还不断地展示自己的“拳脚功夫”，硬拉着客人和自己格斗，有一次把客人的衣服上纽扣都扯了下来。父母对他劝阻的话也变成了耳旁风，越是不让他干的事，他越是干得起劲。客人也不好意思发火。有时父母面子实在挂不住了，就把栋栋拉到一边痛打一顿，弄得大家都很尴尬。可下次家中来客人时，栋栋的表现依然如故。

个案解析

有的孩子平时很听话，规规矩矩、乖巧、可爱。可是家里一有客人来，孩子就一反常态，表现得特别淘气，把玩具丢得满屋子都是，或在客人面前跑来跑去，显得很“野”，弄得父母很尴尬。

究其原因，是孩子渴望引起别人的注意。人们一般把孩子的这种情形称为“人来疯”。它带有一定程度的普遍性，它的形成也不是偶然的，和孩子的心理发展有着密切的关系。

孩子在2岁左右就会开始将自己和周围的客体区分开来。这以后，孩子独立的自我意识日益增强，他们开始有表现自己的强烈欲望，想方设法让别人注意自己。这就是心理学中所说的孩子“自我中心”的表现。

在平时，孩子这种心理需要总能得到满足，尤其是现在独生子女越来越多，父母对孩子怜爱有加，父母、爷爷、奶奶、外公和外婆都围着一个“小皇帝”转，对孩子的各种要求总是设法满足，对孩子表现自己的行为尤为放任，一味地鼓励而不加以引导，这就为“人来疯”埋下了“隐患”。

因为孩子“人来疯”不是一朝一夕形成的，所以要防止和消除它，必须在平时的家教上下功夫，采取宽严适度的教育方式。

专家给父母的建议

建议一：平时要及时制止孩子的不良行为

对孩子的行为，特别是一些不良的行为，父母不能过分娇宠、放纵，需要教育、管制的言行就要及时制止，不可助长孩子“以自我为中心”“我说了算”的心理，久而久之，孩子的自制力就会增强。

建议二：要注意对孩子良好行为的规范训练

只告诉孩子不该做什么还不行，还要告诉孩子应该做什么。在客人到来之前，让孩子做好待客准备，告诉孩子应有的礼貌举止。客人走后，对孩子的表现要给予反馈，孩子表现好，就要及时地给予肯定和鼓励；孩子表现不好，则要及时给予批评，并再次强调正确的行为方式。

建议三：来客人前让孩子做好心理准备

当家中有访客时，父母需要事先告知孩子，让孩子有心理准备，包括知道访客的名字，有多少人等。当客人来到家中时，要向孩子介绍客人，也要向客人介绍孩子，建立双方的熟悉感。再者，可邀请孩子参与大人的谈话，亦可请孩子帮忙准备茶点，并做小向导，给客人介绍家中的陈设或是照片等。如此，不仅可以建立孩子的自信心，也可以让孩子学习到基本的社交礼仪。

建议四：让孩子充当招待客人的小助手

客人到来之前，父母可先给孩子介绍一下客人，让孩子作为小主人参与招待工作。“请你帮我摆好椅子，想想让客人坐在哪里？”客人来后，可以让孩子端水果，把客人也作为孩子的客人让他来接待，这样孩子就能逐渐学会社交礼仪。时间长了，孩子就会知道有客人来时自己该怎么做。

建议五：转移孩子的兴奋点

如果成人间的谈话确实不适合孩子加入，父母可转移孩子的兴奋点。如“你喜欢的动画片开始了！”“现在大人们需要单独谈话，等我们说完了再来陪你玩,好吗?”

孩子的特殊行为多半有迹可循,父母只要多一些观察,就可以找到孩子失控的原因,给孩子提供适当的引导,孩子就可以逐渐改善。父母不需要过度心急,孩子的改变需要时间,只要耐心地教导和等待,孩子就一定会有所改变的。

孩子有网瘾怎么办

教子案例

晓涵今年12岁了,是个内向的孩子。她很聪明,但是过于敏感,她感觉身边没有人注意和理解她。父母关心的就是她的学习,对于其他的从来都不过问。她总觉得身边的同学很肤浅,只知道打打闹闹,而她喜欢看书。她特别喜欢安静,经常自己在屋里看书和写文章。她的身边几乎没有很知心的朋友。

有一天下午,晓涵突然不想回家了,就进了一家网吧,这是她第一次进网吧。她点击进入了一个文学聊天室。她被里面人物的见解和学识打动了,还在里面认识了不少志同道合的朋友。从那以后,网吧就成了她每天下课之后必去的地方。在家里,晓涵也不和父母说话,只是傻傻地待在自己的房间里发呆,或是想聊得开心的网友,有时候因为不能去上网,她的心情就会变得非常烦躁和抑郁。父母看到孩子的表现很是头疼。

个案解析

网络是当今时代一个重要的信息工具。它改变了孩子传统的学习方式,重新塑造着孩子。它为孩子提供了一个无限广阔的世界,为孩子打开了一扇知识的窗户,逐渐成为孩子学习知识、获取信息、交流思想、开发潜能、休闲娱乐的重要平台。网络还能培养孩子的想象力和创新精神,能够弥补传统教育的不足。

网络世界虽然有无限的魅力，却也给父母带来了更多的忧虑。比如，孩子自我约束能力不强，社会经验不足，自我保护意识缺乏，父母担心孩子会受到很多负面的影响。

沉迷于网络的虚拟世界中，会影响孩子左前脑的发育，孩子读、写、算的能力会大大退化，而且其逻辑思维能力、注意力、思考力的发展也会受影响。另外，过早地趴在电脑前对孩子的视力、颈椎、肠胃等器官的健康都有影响。

不少孩子没有正确地理解和使用网络，他们沉浸于网络所创造的虚拟世界，玩游戏、网恋，对网络传达的信息缺乏识别能力，这会使他们在暴力、色情等不良内容的潜移默化中受到不健康内容的影响，自制力差的孩子很容易走上犯罪的道路。他们也会因此忽视现实生活中的情感和生活，变得孤僻、冷漠，缺少爱心。这对于孩子的身心发展和人格健全都极为不利。

父母要让孩子意识到网络是一把“双刃剑”，有其积极的一面，也有危害孩子身心健康的一面。父母要教育孩子辩证地看待网络，上网要讲究度，让网络成为充实、提高自己的工具，尽量避免网络的不利因素对孩子的影响。网络毕竟是虚幻的，但是孩子的理想只有建立在现实世界里，才会开花结果。作为父母，要找到孩子的症结所在，帮助孩子解开网瘾的心结，还孩子一片心灵的净土。

专家给父母的建议

建议一：父母要了解网瘾的症状

父母要想帮助孩子解开网瘾的心结，首先必须了解网瘾的症状。在网瘾早期，孩子会感觉到上网的快乐，慢慢地就会对网络产生很强的依赖心理，渴望上网，后期就会发展为躯体依赖，情绪低落、思维迟缓、不上网时眼神呆滞等，只有上网，精神才能恢复正常。网瘾到达晚期，会出现体重减轻的症状，一旦被迫停止上网，孩子可能会出现自残倾向，甚至危害个人和社会。

总之，孩子只要是连续一个月以上每天上网 4～6 个小时，认为只有上网才能给他们带来乐趣，那父母就要留意孩子是否患了网瘾，并及时采取措施让孩子摆脱网瘾。

建议二:用爱心引导孩子解开网瘾的心结

父母的爱心在对孩子进行教育、沟通的过程中有很重要的作用。对出现网瘾的孩子,父母要善于用爱心来引导。爱心,是帮助孩子戒除网瘾的基本条件,但是父母的爱心要和孩子的内心需求相呼应。

中央电视台少儿频道曾经播出过这样一个节目:洛阳的一个中学生上网成瘾,他的妈妈想了各种办法,结果都不奏效,妈妈把孩子的情况告诉了爸爸。爸爸为了挽救孩子,放弃了郑州的工作回到洛阳。刚开始的时候,他生气地用拳打脚踢的方式来教育孩子,一点作用都没有,于是,他就用爱心来感化他。他知道孩子在网吧,就买了饭给孩子送去,晚上孩子回家后,爸爸也会主动地询问孩子玩得高不高兴。

爸爸坚持了两年,终于,孩子和爸爸说他输给爸爸了,以后他不会上网了。儿子又回到学校,开始了新的生活。

上文例子中的父亲用关爱等来了孩子的“投降”。很多孩子迷恋网络很重要的一个原因就是缺少父母的关爱,所以他们就会把这种心理需求寄托在网络上。聪明的父母都是有爱心的父母,他们会关注孩子所需要的,及时用关爱去弥补孩子的情感缺失。孩子在现实生活中的情感需求得到满足了,就会减少对网络的依赖性。

建议三:培养孩子多方面的兴趣和爱好

孩子迷恋网络,主要是因为缺乏学习兴趣,而网络能带给他们更多的乐趣。如果孩子在现实生活中有很多兴趣爱好,就能够很好地预防网瘾的形成。父母想帮助孩子解开网瘾的心结,就要善于引导孩子培养多方面的兴趣和爱好,把孩子的兴趣从网络中转移出来。

高宇今年上小学3年级,爸爸是从事计算机工作的,经常用电脑。高宇接触到电脑后,迷上了里面的小游戏。这天,爸爸看见儿子又对着屏幕上的蓝天、白云玩游戏,就对他说带他去公园玩,好不容易说服了孩子。爸爸带他到公园欣赏蓝天、白云,启发孩子把这么美丽的情景画下来,还拿出了早已准备好的画板。爸爸还和孩子一起参与到绘画中。

回到家中,高宇已经没有力气再去玩游戏了,爸爸则把儿子的画裱起来挂在他的卧室里,并鼓励他继续去画。结果,高宇真的爱上了画画,就把电脑抛到一边。

父母要引导孩子走出网络的世界，培养他多方面的兴趣，让孩子在兴趣中找到乐趣，这样他就会远离网瘾的困扰了。

建议四：陪孩子多看一些关于网瘾的真实案例

孩子也知道网络不好，但是因为在实际生活中看不到实例，所以对网络的危害性认识不够深刻。如果父母能够陪孩子多看一些相关的案例，孩子就会直观地了解网络的危害，从而受到很深刻的教育，自然就会对案例中的行为引以为戒了。

孩子顶嘴怎么办

教子案例

不知道从什么时候开始，9 岁的江辉学会和妈妈顶嘴。妈妈让他干点小事，他就开始顶嘴，问妈妈为什么让他干，别的小朋友都不用干。妈妈生气地对他说，9 岁的孩子早就应该帮家里干点家务，江辉却反驳妈妈说，自己做的够多了，然后就回屋里去了。妈妈意识到和孩子这样对峙下去，一点好处都没有。于是，妈妈决定在江辉下次和她对峙时，换种方式来和他交流。

这天，妈妈让他把垃圾扔出去，江辉顶嘴说不去，妈妈没有搭理他。到吃饭的时间了，妈妈端上饭菜让江辉先吃，自己仍旧在厨房忙碌着。妈妈说先把活干完了，再吃饭。江辉忽然间明白了妈妈每天面对繁重的家务，是非常劳累的，于是他没有和妈妈顶嘴，自觉地把垃圾丢出去。

个案解析

随着孩子年龄的增长，语言能力也得到了很大的提高，他们学会了用顶嘴的方式来表达自己的独立思想。面对孩子的顶嘴，父母不可太过焦虑，要意识到这是孩子成长中必经的一个过程，是孩子正常的成长表现，说明孩子开始有了自己的想法。父母应该感到欣喜,但是也不可忽视孩子真正的顶嘴。

孩子顶嘴是缺乏礼貌的表现,家庭气氛也会因此紧张。但父母不能一味地抱怨自己的孩子顶嘴,而要认真分析孩子顶嘴的原因。一般而言,孩子顶嘴的原因主要有:孩子对事物逐渐有了自己的想法和态度,可是语言表达能力有限;父母对孩子过于溺爱,孩子心里缺乏对父母的尊重;孩子得不到父母的关爱,用顶嘴的方式来吸引父母对自己的注意,等等。

父母要善于引导孩子,让孩子逐渐认识到和父母顶嘴是错误的行为。此外,父母还要从孩子顶嘴的原因入手,有针对性地采取措施纠正孩子的顶嘴行为。

专家给父母的建议

建议一:父母要控制好自己的情绪

很多父母在孩子顶嘴时会采用非打即骂的方式,结果造成孩子的逆反心理,使孩子的顶嘴现象愈演愈烈。

陈国今年 8 岁了,最近和妈妈的关系有点僵。他觉得自己有很多想法,可是每次妈妈都不给他机会来表达,妈妈决定了的事就要按照她的意思去办。

这天,妈妈让儿子周末和她一起去一位同事家玩,可陈国不想去,妈妈就过去拉他,陈国按捺不住自己的怒火,和妈妈顶了嘴,妈妈特别生气,不分青红皂白就给了他一个耳光。

后来,妈妈自己去同事家了,回家后发现陈国留下字条,说他今天就是想好好休息,可妈妈一点也不理解他,他拿着自己的衣服离家出走了。儿子的离家出走,让妈妈非常后悔自己的行为。

孩子顶嘴,多半是由于他们还没学会恰当地表达自己的观点和看法。父母要控制好自己的情绪,不能轻易发火。

父母不仅要把孩子看作平等的个体,允许他们有自己的想法,还要把孩子看做是自己的朋友。朋友有不同于自己的观点的时候,自己肯定是不会发火的。父母把这个理论用在孩子身上,孩子的顶嘴现象就会得到有效的控制。

建议二：营造民主的家庭氛围

民主的家庭氛围，可以帮助孩子轻松地表达自己的观点，而不是父母凭借自己的权威，让孩子无条件地按自己的意思办事，这样强迫出来的孩子，往往更容易存在顶嘴的倾向。

营造民主的家庭气氛，谁说的有道理，就采用谁的意见，鼓励孩子大胆地讲出自己的想法和感受，就能合理地减少孩子的顶嘴现象。父母不要担心这样做自己会失去在孩子眼里的威信，其实这样做反而会更好地得到孩子的认同和理解。父母如果对孩子颐指气使，反而可能加剧孩子的顶嘴行为。

建议三：主动了解孩子顶嘴的意图

父母和孩子保持良好的沟通，主动了解孩子顶嘴的意图，是应对和防止孩子顶嘴的重要方式。父母要用心倾听孩子的想法，从而分析孩子顶嘴的原因，不要随意给孩子贴上顶嘴的标签。

王嵩今年 6 岁，以前他还能听父母的话，很讨大人的欢喜，可是最近他常常和父母唱反调，父母批评他，他经常和父母顶嘴。

这个周末，一家人说好了要一起去奶奶家玩，一大早妈妈就把王嵩的衣服准备好了，王嵩却死活不穿那双鞋子，非要穿别的，还说出许多叛逆的话来，表现得非常不可理喻。

妈妈意识到孩子开始顶嘴了，便试着换了个语气和他说话，一问才知道那双鞋子太小了，孩子不喜欢。妈妈就教育孩子，以后有什么事情就和妈妈说，不要养成顶嘴的坏习惯，孩子点了点头。

孩子往往直接用言行来表达自己的意图，从来不会遮遮掩掩。所以，当孩子顶撞父母时，父母应当主动和孩子沟通，在明白了孩子的意图后，父母就会理解孩子为什么会顶嘴了。

父母站在孩子的角度考虑问题，不仅能够缓和紧张的家庭气氛，也能够很好地控制自己的情绪，孩子在得到父母的理解后，就会控制自己的顶嘴行为了。

建议四：减少对孩子的溺爱

父母对孩子的溺爱，会让孩子觉得自己的所有行为都是合理的，包括顶嘴。在父母的溺爱中长大的孩子，往往做事以自我为中心，听不进别人的意见。别人的想法和自己的不一致时，他就会用顶嘴的方式来表达自己的不满。

父母只有消除对孩子的溺爱，孩子的顶嘴现象才能减少。父母要保持这样的教育态度：孩子顶嘴，父母暂时不要理睬他，当他变得不再蛮横，能听进去父母的教育时，父母就要用鼓励的语言，来强化孩子的转变。

建议五：提醒孩子改变说话方式

父母直截了当地对孩子说“不许顶嘴”，还不如说：“我理解你的感受，但是你能换一种口气说吗？”或者说：“我不喜欢你这样说话，你可以慢慢用你的道理来说服我。”如果孩子正在气头上，父母也可以说：“我知道你现在很生气，等你冷静下来我们再谈好吗？”这样就可以有效地减少孩子的顶嘴行为了。

孩子任性怎么办

教子案例

源源6岁，是小学一年级的学生。因为任性，源源常常和同学产生矛盾，在学校里几乎没有朋友。源源三代单传，他不但是父母的掌上明珠，还是爷爷奶奶的心肝宝贝，一家人对他都是捧着怕摔了，含着怕化了，不知道应该如何疼他是好。在这样的环境下，源源从小到大几乎没有遭受过任何拒绝，无论他的要求是否合理、正当，只要他提出来，家人都一定会想办法满足他，真是要星星不给月亮的主。这样，源源就养成了非常任性的毛病。

孩子在家里任性，家人还能够迁就，但到了学校后，源源的任性同学们都不能接受，源源与同学三天两头地大打出手。这让源源的父母很头疼，此时他们才知道从小满足源源的任何要求是个错误，从小对源源不问对错的娇宠才是他不能与别的孩子正常交往的源头。

个案解析

孩子是否任性与先天的遗传有一定的关系，但后天的环境与父母的教育方式是孩子任性形成的直接原因。有些父母对孩子十分疼爱，无论孩子要什么都会及时给予，在不知不觉中就使孩子形成了任性的毛病；有些父母对孩子过于严厉，要求孩子无条件地服从自己，天长日久，孩子就产生了对抗的心理，慢慢地也就形成了任性的性格。

孩子任性，很多时候都取决于父母的教育方式和对孩子的态度。每一位父母要想教育好孩子，都应该注意自己的教育方式与态度，要把孩子看成自然的个体，小时候不娇惯，大一点时要给他讲道理，尊重孩子的选择与自由，孩子做错事时要耐心讲明原因、理由。对于已形成任性毛病的孩子，父母首先要从自身找原因，如果是自己的错误，就应当及时向孩子道歉并进行纠正，然后给孩子讲明任性的严重后果，再运用合适的方法引导，帮助孩子去除任性的毛病。切记任何时候都不能对孩子采取粗暴的教育和处理方式。

“冰冻三尺，非一日之寒”，要想改变孩子任性妄为的毛病，父母就必须在长期的教育中，细心观察孩子的一言一行，像种树一样，从小扭正树干，精心修理树枝，使他们将来成长为祖国建设的有用之材。

孩子的任性养成后，特别是对于小一些的孩子，说教所起的作用甚微，这就需要大人根据孩子的特点，运用适合的方法进行转移，孩子才不会一直哭闹下去。先暂且解围，事后再就孩子的行为与孩子进行沟通，指出孩子的不足之处，对他进行批评教育。孩子冷静后，在大人的教育下，认识到自己的错误，就会慢慢地改变自己的任性行为。

专家给父母的建议

建议一：转移孩子的注意力

孩子的注意力容易分散，在任性的时候也是如此，父母可以根据孩子的这个特点，及时用别的事物或事情转移孩子的注意力，这样可以暂且解决孩子的任性问题。

罗冠宇是小学一年级的学生，由于父母的娇惯，罗冠宇养成了任性的毛病。有一天，妈妈带罗冠宇去商场，罗冠宇看到一个孩子手里拿着枪，就吵嚷着也要枪。其实罗冠宇家里已经有了各式各样的枪，但是如果妈妈此时不答应罗冠宇的要求，他就会撒泼、哭闹，不会停止。妈妈想了一下，便告诉罗冠宇说："好，妈妈给你买，咱们一起去找。"罗冠宇一听妈妈答应了，就高高兴兴地同妈妈一起向前走，妈妈故意绕开了卖枪的地方，并且一路给罗冠宇讲他爱听的故事，结果，出了商场，罗冠宇都没有想起要枪的事情。

转移孩子的注意力，暂且解了围，但对孩子的任性只是治标不治本，父母需要事后对孩子加以教育，告诉其要求的不合理性，让孩子认识到自己当时任性的要求是错误的，孩子知道了自己的不对，下次才不会继续任性。

建议二：让孩子将自己的行为与他崇拜的英雄榜样对比

每个孩子都有自己崇拜的人物，当孩子出现任性的不正当行为时，父母可以拿孩子心目中的英雄榜样与孩子对比，孩子的任性就会停止。

黄自雄是小学二年级的学生，特别害怕打针。有一次，黄自雄病得很严重，需要输液。黄自雄看见医生拿着针管，说什么也不让医生给他扎针，只要医生一朝他的床前走，黄自雄就甩胳膊踢腿，哭闹不止，这可难住了医生，也让妈妈很头疼。

医生无奈，只好走开了。妈妈见黄自雄安静了下来，给他讲起了解放军的故事，告诉他解放军叔叔都不怕打针，不怕疼。黄自雄最羡慕军人，长大后的志愿就是想当个军人。听到妈妈这样讲，黄自雄小声地对妈妈说："黄自雄也不怕疼，妈妈叫医生来给我打针吧。"医生来打针时，虽然黄自雄还是很害怕，可是他闭着眼睛一声没吭。

孩子有时候任性，可能是出于某种原因，这时候父母不能采取强硬的态度，而是要了解孩子的心理，让孩子将自己的行为与他心目中的榜样对比，让他自行做出正确的行为，不再任性下去。

建议三：对孩子的任性行为进行冷处理

孩子有时候的要求很无理，父母不答应就满地打滚，没完没了。对于孩子这样的行为，冷处理也是一种十分有效的方式。

若若 5 岁了，上小学一年级。但若若很任性，有一次，妈妈带若若上街买东西，若若非让妈妈背着自己。当时，妈妈两手都拿着东西，根本没办法背着她走。妈妈告诉若若说手里有东西，让她自己走，告诉她到街上给她买好吃的，但无论妈妈怎么说，若若就是不听，不但哭闹了起来，还躺在地上打起了滚。

妈妈上前去哄她，但若若什么都不听，除非妈妈背着自己。妈妈很生气，拿起东西就向前走，这一下很见效，若若一见妈妈走了，哭着爬了起来去追妈妈。妈妈装作看不见，也不回头。就这样，若若跟在妈妈的后面走到了街上。

对孩子任性的不良行为进行冷处理，一般都会收到较好的效果。但是，父母切记，在冷处理后要对孩子进行解释和安慰，告诉他父母这样做是因为他的无理要求和任性的原因，不是父母不再爱他了，不要给孩子的心理留下阴影。

建议四：找出孩子任性的原因

孩子任性，都有一定的原因，父母要检讨自己的教育方式，看问题是不是出在自己身上。

严和萍今年10岁，非常喜欢画画。有一次，严和萍正在画画，妈妈叫她到外面拿样东西，叫了几次严和萍都没有动，妈妈就说："你这孩子真任性，怎么不听话呢？"

其实，妈妈没有弄清楚严和萍"任性"的原因，女儿正在聚精会神地画画，这是一个好现象，妈妈这时候不应该去打扰她才对，更不能说她任性。

孩子平时不听自己的话，父母不能一概而论说孩子是任性。应该仔细观察孩子"任性"的真正原因。如果是自己的错误，就要努力改正教育方式。

建议五：让孩子为自己的任性行为负责

孩子任性时，如果父母说教没有用，就要让孩子承担任性所带来的后果，遭受到挫折，这样孩子就会改变自己任性的行为。

涯涯是个任性的孩子，很多事情妈妈越劝他越不听。一次，妈妈看着上课快要迟到了，就催涯涯动作快点。但是涯涯不听，还在那里摆弄着他的玩具。妈妈无奈，干脆坐了下来，等涯涯不玩了才带着他去了学校。涯涯迟到了10分钟，老师批评了他。有了这次的教训，只要妈妈一叫，涯涯就会赶快跟妈妈去学校，以后再也没有迟到过。妈妈看到这样的教育对涯涯很有效果，在其他方面，只要涯涯任性，妈妈也会使用同样的方法，让涯涯尝到任性带给自己的后果，不久，涯涯的任性行为就改善了很多。

父母纠正孩子的任性行为，如果其他方法都没有效果，不妨让孩子自己尝尝任性给他带来的不良后果,有了教训,孩子的任性行为就会自动减少。

孩子虚荣怎么办

教子案例

因父母工作的调动,尚雪梅转入了另一所学校,刚上学不久,她就向新同学吹嘘自己的爸妈都是做官的,可以通过私密渠道办成很多事情,家里有宝马轿车等等。尚雪梅的同学因此不仅羡慕她,还经常恭维她,尚雪梅感觉特别过瘾。

时间就这样一天天过去,最后不知道谁先传出的信息,说尚雪梅家在农村,经济十分困难,家里连一个三轮车都没有。

这一下,尚雪梅傻了眼,她因虚荣精心编织的谎言,被一一识破了,好朋友逐渐离她而去,同学们都开始对她指指点点、议论纷纷,甚至有些同学还会当面对她进行侮辱。最后,尚雪梅实在忍受不了这样的心理折磨,自动退学。

个案解析

虚荣心是指一个人为了得到别人的认可、尊重或者为了获得某种荣誉,而用虚假、外在的东西来伪装自己,以此赢得别人的羡慕,获得一时的心理满足。虚荣心强的人有两个特点:一是因缺少资本而自卑,二是怕别人看不起自己,所以就用虚假的东西粉饰自己。

虚荣心实质上是被扭曲了的自尊,为了所谓的面子,而不敢正视现实。一个人的虚荣心会表现在很多方面,比如到处炫耀自己的优势,听不得别人受到夸奖,家里没钱却故意出手阔绰,像上例中的尚雪梅一样,为了抬高自己,故意编造一个高贵的出身等。

虚荣心强的人,因为总是嫉恨别人比自己好的地方,在心里怨恨自己不好的地方,或者把时间都花费在编织谎言与伪装自己上,不敢面对现实,因此很难取得进步。同时，虚荣的人如果靠说谎满足自己的虚荣，就要不断圆谎，更害怕自己的谎言被揭穿，为此坐卧不安，提心吊胆，会因此而影响到自身的心理健康。

但是，谎言总有被揭穿的时候，那么有虚荣心的人就会像尚雪梅一样，终有一天会受到惩罚，不仅会失去朋友的信任，丢掉友谊，还会被人唾弃、看不起，自己也会感觉到无脸见人，落得个谁都弃而远之的结局。

其实，虚荣的本质是因为对自己不满意，如果能够让孩子从这一点出发，正视现实，刻苦努力，努力改变现状，那么他就会真正获得荣誉。而那些被扭曲了自尊心的人，面对自己的缺陷或者不满意之处，有意掩饰或者进行伪装，最终会为此付出惨重的代价。

一个人虚荣的心理与行为，并不是天然形成的，而是在后天的环境中逐渐养成的，与父母的举止与教育方式有很大的关系。有的孩子虚荣心严重，是因为耳濡目染了父母的虚荣行为，潜移默化中学习得来的；还有的孩子虚荣，是因为父母对他夸奖过度所导致的。

虚荣心的危害很大，父母需要足够重视，避免孩子遭受虚荣心所带来的危害。

专家给父母的建议

建议一：给孩子做个不虚荣的榜样

孩子喜欢模仿，又因为与父母朝夕相处，因此最容易习得父母的行为。所以，父母若不想让孩子虚荣，自己首先要从生活中的点滴开始，给孩子做一个不卑不亢、不虚荣的榜样。

比如，买什么东西，不能买了价钱便宜的却告诉别人东西很贵；升了职，有了钱，不到处吹嘘、炫耀，这样孩子把父母的行为看在眼里，就会向他们学习，减少产生虚荣心的概率。

建议二：实事求是地评价孩子

有许多孩子虚荣心强，就是因为平时父母不管孩子做得如何，总是持夸奖、表扬的态度，这样久而久之，孩子就会产生自负的心理，认为自己比任何人都强，看不到自己的缺点，虚荣心就会慢慢滋生，容不得别人说自己不好，因此就用谎言来掩饰自己。

因此，父母在孩子小的时候，就要做到实事求是、客观地评价孩子，这样，孩子知道了自己的优点与不足，才能够正确地认识自己，正确地对待别人的评价。

建议三：教孩子不要与别人过度攀比

攀比会让孩子产生虚荣心，父母要教孩子把握住攀比的内容和限度，教育孩子不要与别人过度攀比，不要与别人比吃、穿、用的奢侈程度。孩子掌握住了攀比的尺度，就会努力上进，远离虚荣心的干扰。

建议四：告诉孩子虚荣会带来的危害

虚荣心强的孩子，沉迷其中不能自拔，认识不到虚荣的种种危害，因此会越陷越深。

苏丹凤是个爱打扮的女孩，小时候看见别人买饰品，她就十分羡慕。随着苏丹凤慢慢长大，妈妈给她的零花钱也越来越多，她的欲望也越来越大，她把很多钱都花在了个人的穿衣打扮上，甚至靠节食减肥来让自己保持好身材，希望自己能够得到更多人的注意。妈妈看女儿如此虚荣，就给女儿讲了虚荣心有可能带来的各种危害。

但是，苏丹凤听不进去妈妈的劝导。这样过了半年，苏丹凤患上了营养不良综合征，浑身酸软无力，此时，她才后悔自己只注重外表的虚荣，而忽视了最宝贵的身体健康。

父母要告诉孩子虚荣会带来哪些具体的危害，如果孩子实在不听的话，就学习上例苏丹凤的妈妈，让孩子亲自体验一下，那么孩子身受其害，就会主动与虚荣的心理、行为决裂。

建议五：帮孩子树立正确的荣辱观

每个孩子都盼望有更多的荣誉，都希望得到更多人的关注。但是，荣誉与关注需要靠真才实学得来，如果用虚假的外在东西包装自己，那么换来的一时荣誉也不会光彩，而且虚假的东西，总有被揭穿的一天，到时候只会自取其辱。

所以，父母要帮助孩子树立起正确的荣辱观，让孩子明白，只有通过自己不懈的努力，获得了知识，提高了能力，才会被别人认可、关注，才最光荣，获得的荣誉才最有价值。

建议六：让孩子把虚荣变为前进的动力

孩子之所以会产生虚荣心，是由于没有足够的实力，因而对自己不满，却又不服输。因此，父母可从这点出发，让孩子把虚荣心理转变成前进的动力，使孩子努力进取，拥有真才实学，获得真正的荣誉。

尉尉学习成绩不好，但他又怕考试成绩太差，丢面子，因此每次考试他都想办法抄袭，并且一直没有被老师发现。最近一次考语文，尉尉故伎重演，结果被老师抓了个现形，尉尉十分尴尬。

妈妈了解了情况后，告诉儿子：不满意自己的成绩，就要加倍努力，掌握所有的知识，这样才能真正考出好成绩。尉尉听妈妈说得有道理，又想到抄袭被抓住的尴尬，于是痛下决心好好学习。紧接着的一次考试，尉尉没有作弊，结果比作弊考出的成绩还要好。

孩子因为虚荣，就会用虚假的东西来抬高自己，像上例中的尉尉一样，学习不好，却又想得到好成绩，因此就学会了抄袭，结果只能是得不偿失。因此，父母要让孩子学会把不满的心理变成努力奋进的动力，这样孩子才能真正获得成功。

孩子嫉妒心强怎么办

教子案例

梅小志自幼聪明伶俐，深受亲友和师长们的喜爱。在一片称赞声中长大的她，渐渐变得异常地喜欢争强好胜，容不得别人有任何强于她的地方。梅小志喜欢打扮，而且总要和同学们比，有一次，一位同学买了一件非常漂亮的T恤衫，别人称赞不已。这使梅小志很不高兴，暗中嫉妒，就背后说那位同学的坏话。考试时，别的同学成绩考得高一点，她也嫉妒，背后议论对方是事先知道了考试题或者是运气好。

最让梅小志痛苦的是，她的对手侯天舒居然竞选学生会主席成功了。梅小志为此食不甘味，寝不成眠，妒火中烧。她在连续失眠几个晚上之后，终于作出决定：写一篇诋毁侯天舒的文章，发布到网上，文章题目就叫“为谋主席职，竟献青春身”。

文章在网上传播开后，侯天舒的名誉受到极大的损害，被迫放弃了校学生会主席一职。梅小志暗自庆幸，但不久，几个警察出现在她的面前。经过指导员的教导，梅小志终于认识到是嫉妒心害了自己。她通过电话向侯天舒道歉，并表示悔改。后来，在心理医生的辅导下，梅小志终于从心中清除掉了“嫉妒”这颗“毒瘤”。

▲ 个案解析

嫉妒是一种消极、有害的心理，它会破坏人际关系，伤害朋友间的感情，甚至会由于攻击情绪的发泄而造成悲剧。嫉妒心强的孩子，在伤害别人的同时，也在用别人的优点来折磨自己，使自己难以摆脱愤怒、沮丧、怨恨、自惭、自责等消极情绪，致使自己情绪低落，丧失自信和前进的动力。

嫉妒是一种普遍的情绪表现，虽说孩子嫉妒别人是一种可以理解的正常情绪反应，但这并不意味着父母可以采取听之任之、放任不管的态度。因为经常有嫉妒的情绪，可能会演变为孩子人格的一部分。孩子嫉妒心过强，也容易受外界的刺激而产生诸多不良情绪，不仅会影响他的进步，而且还会对他的身心健康极为不利。

父母要使孩子克服嫉妒心理，首先必须弄清产生嫉妒心理的原因。

从外部原因分析，孩子的嫉妒心理通常与父母的态度密切相关。父母在孩子面前，表现出对另一个孩子的偏爱或经常拿自己的孩子与比他强的孩子比较，就容易导致孩子出现嫉妒心理。在日常生活中，有些父母为了鞭策自己的孩子，时常夸赞某个孩子真懂事，某个孩子学习成绩好，某个孩子有过人的特长，如果持续不断地将赞美的词句加在别的孩子身上，自己的孩子便可能认为自己失去了在父母心目中的重要位置，因此而怨恨父母赞扬的孩子。

从内部原因分析，孩子的嫉妒心理与个性的弱点以及不良的认知习惯密切相关。一般来说，性格内向、敏感、柔弱、胆怯、好强且自尊心又强的孩子更容易产生嫉妒心理。老师少表扬两句，许多孩子没有注意到，而敏感的孩子则会铭记在心。

嫉妒这种不良的情绪，是孩子心理上的蛀虫，是同学间友谊和团结的腐蚀剂，危害甚大。父母一定要帮助孩子清理掉这种不健康的情绪和心理。

专家给父母的建议

建议一：分析孩子有嫉妒心的原因

孩子产生嫉妒心理的原因是多方面的，如在竞争中受挫会导致他对成功者的嫉妒；因教师对他人的表扬而产生嫉妒；因自己容貌欠美、身材欠佳而对生理条件优越的同学产生嫉妒；因自己家境贫寒而对经济地位高的同学产生嫉妒等。

某中学初二年级的一位女生见同宿舍一同学家庭条件比较好，亲朋好友常给她买衣服、食品之类的东西，就趁宿舍无人之际，把这位同学的衣服洒上了墨水，有的干脆扔出了窗外，还把该同学的发卡、丝袜等随手扔进卫生间的下水道，为此造成了同宿舍同学间的许多误会。直到有一天，她又如法炮制时被偶尔回宿舍的同学撞见了，事情才水落石出。

妈妈知道这件事情后，知道孩子嫉妒心理产生的原因是对自身条件的不满，就告诉孩子说："与其嫉妒别人，不如自己努力。因嫉妒去破坏别人的东西，不如自己努力争取自己想要的东西。"孩子听了十分惭愧，以后逐渐克服了不良的嫉妒心理。

父母只有了解了孩子嫉妒心理产生的原因，才能有针对性地对他进行教育。

建议二：教育孩子正确地认识自我

有时候，有些孩子嫉妒别人是因为他只看到了别人比自己强的地方，却看不到自己比对方强的地方，因而心生自卑心理，产生不满情绪。

刘小云和陈桂花各有所长，在幼儿园和小学一二年级，老师经常表扬她们俩。因而，陈桂花的心态比较平衡。三年级换了一个语文老师，这位老师特别喜欢作文写得好的刘小云，经常在全班宣读她的作文，夸奖她的作文写得好。

陈桂花因此产生了失落感，她觉得自己失去了在老师和同学们心目中的优越地位，而造成这种情况的根源就是刘小云。因而她多次在语文老师跟前说刘小云的坏话，并告诉语文老师，刘小云曾在背后骂他，希望夺回老师对自己的重视。

陈桂花的妈妈知道情况后批评了女儿，告诉她要以正当竞争取胜，并和她一起分析自身的优势在哪里以及如何跟刘小云进行良性的竞争等。经过反省，陈桂花认识到自己在体育上比刘小云强，于是在体育上多下工夫。半个学期后，凭着出色的体育技能，陈桂花也赢得了老师的青睐。

“金无足赤，人无完人”，每个孩子都有自己的长处，也都有自己的不足。所以，作为父母，要帮助孩子正确地认识自己，使孩子正确认识自身的优势和不足，用平和的心态对待自己和他人。

建议三：培养孩子博大的胸怀

有嫉妒心理的孩子，往往有自身的性格弱点。如与人交往时，喜欢做核心；不能成为社交中心时，就会发脾气；不会感谢人；易受外界影响等。对有以上性格弱点的孩子，父母要耐心引导。

马琳是个嫉妒心很强的小姑娘。一天，她看到邻居家的女孩圆圆穿了一件新衣服。就跑到妈妈跟前说圆圆的衣服有各种毛病。妈妈笑了笑，然后给马琳讲了两个故事。

一个故事是：战国时庞涓嫉妒同窗好友孙膑的才能，他把孙膑骗到魏国，用莫须有的罪名挖去了孙膑的膝盖骨。孙膑忍着痛苦，修习兵书，终于逃出魏国，在马陵之战中，打败了庞涓，并取其性命。庞涓自取灭亡，落得被千秋耻笑的下场。

另一个故事是：三国时周瑜嫉妒诸葛亮的才能，几次要害诸葛亮，但是最终却害了自己。堂堂吴国大都督，没有死在刀光剑影的沙场，却因嫉妒而气死在病榻之上。

听完故事，马琳若有所悟。妈妈趁机说：“孩子，做人一定要有宽大的胸怀。”马琳听了，使劲地点了点头。

父母在孩子面前，对获得成功的人多加赞美，并热情地鼓励孩子虚心学习他人的长处，积极支持孩子通过自己的努力去超越别人，战胜自己，从而使孩子的嫉妒心理得到改正，使孩子的心胸变得宽广。